W0077700

Petra Stadtfeld

Sei ganz!

Modelle für Besinnungs- und Einkehrtage

Patmos

Die Autorin

Petra Stadtfeld, geboren 1961, studierte Religionspädagogik und absolvierte eine Ausbildung zur geistlichen Begleiterin. Sie arbeitet als Gemeindereferentin an der Diözesanstelle für Exerzitien, Geistliche Begleitung und Berufungspastoral im Bistum Trier. Zu ihren beruflichen Schwerpunkten gehört die Gestaltung geistlicher Zeiten für haupt- und ehrenamtliche Mitarbeiter im pastoralen Dienst.

Bibliografische Information der Deutschen Nationalbibliothek

Die Deutsche Nationalbibliothek verzeichnet diese Publikation in der Deutschen Nationalbibliografie; detaillierte bibliografische Daten sind im Internet über http://dnb.d-nb.de abrufbar.

© 2009 Patmos Verlag GmbH & Co. KG, Düsseldorf
Alle Rechte vorbehalten.
Umschlagmotiv: © plainpicture/Fancy
Umschlaggestaltung: init . Büro für Gestaltung, Bielefeld
Printed in Germany
ISBN 978-3-491-70425-1
www.patmos.de

Inhalt

Vorwort

Das Buch möchte eine Arbeitshilfe sein für hauptamtliche Seelsorgerinnen und Seelsorger, sowie qualifizierte ehrenamtliche Frauen und Männer, die geistliche Zeiten für Gruppen in den verschiedenen pastoralen Räumen der Kirche anbieten, wie zum Beispiel in Kirchengemeinden, Dekanaten und kirchlichen Verbänden.

Die zehn Modelle sind thematische und methodische Anregungen für die Gestaltung geistlicher Zeiten, die ich in meiner pastoralen Arbeit mit verschiedenen Gruppen durchgeführt habe. Es sind daher erprobte Konzepte für die pastorale Praxis.

Die leitende Person hat die Aufgabe, in die Thematik einzuführen, zu den einzelnen Schritten hinzuleiten und den inhaltlichen Zusammenhang der verschiedenen Elemente aufzuzeigen. Die Inhalte und Methoden sind auf die Teilnehmer/innen und die Dynamik der Gruppe abzustimmen. Vorausgesetzt sind Erfahrungen in der Leitung von Gruppen und die Fähigkeit, innere Prozesse wahrzunehmen und die einzelnen Teilnehmer/innen behutsam einzubinden.

Einführung

Was sind geistliche Zeiten?

Geistliche Zeit meint bewusst erlebte Zeit vor Gott. In Stille da sein, schweigen und auf Gott hören, beten, singen, tanzen, sich kreativ ausdrücken, in der Bibel lesen, über den eigenen Glauben sprechen – das sind Elemente mit denen eine geistliche Zeit gestaltet werden kann.

Die Stunden des Tages werden aber nicht erst dadurch zu einer geistlichen Zeit, weil ich mich geistlich ausrichte und mich öffne für den Geist Gottes. Grundsätzlich ist jede Zeit, jede Stunde, jeder Augenblick eine geistliche Zeit, weil Gott gegenwärtig ist. Jetzt in diesem Moment, wo Sie das Buch in der Hand halten und darin lesen, ist eine geistliche Zeit, weil Gott mit seinem Geist in Ihnen lebt, weil Gott da ist.

Gott schenkt uns Zeit. Gott schenkt sich uns in der Zeit. So ist jede Stunde, jeder Augenblick immer eine Zeit der Gnade, weil es Zeit und damit Leben mit und vor Gott ist. Nur nehmen wir das nicht immer so wahr. Im Gegenteil: oft hören wir Gott nicht, wir spüren seine Nähe nicht, manchmal scheint er uns eher fern. Aber Gottes Liebe und Nähe zu uns ist nicht abhängig von unseren Gefühlen oder unseren Gedanken. Es wird nicht erst religiös oder geistlich, wenn wir uns dafür öffnen. Es ist Gottes Welt und Gottes Zeit in der wir leben, weil Er schon immer da war und da ist. »Denn in ihm leben wir, bewegen wir uns und sind wir, ...« (Apg 17,28), so spricht Paulus zu den Athenern auf dem Areopag. So kann selbst die Zeit der von uns erlebten Gottesferne eine geistliche Zeit sein.

Die hier gestalteten geistlichen Zeiten für Gruppen wollen aufmerksam machen auf die Gegenwart Gottes im Leben des Menschen. Sie wollen ihn erinnern: Denk daran – du hast es bereits erfahren – die Zusage Gottes gilt dir persönlich: Fürchte dich nicht! Ich bin da! In diesem Glauben und Vertrauen an Gottes Liebe und Zuwendung soll jeder bestärkt werden. Die einzelnen Elemente der acht Modelle wollen dies fördern.

Es geht nicht darum, eine geistliche Zeit zu »machen«, sondern sich bewusst zu werden, dass ich in einer geistlichen Zeit stehe und mittendrin bin im Leben mit Gott. Es geht um Bewusstheit und Bewusstwerden. Es geht um die Wirklichkeit Gottes in meinem Leben. Diese Wirklichkeit beginnt mit der Beziehung zu mir selbst, mit der Wahrnehmung dessen, was sich in mir regt, was mich bewegt und beschäftigt. Erkennen, wer und wie ich bin und sein lassen, was ist – gehört zu jeder geistlichen Zeit. Es geht darum, in Kontakt zu kommen mit Gottes Geist in mir, der sich auf verschiedene Weise ausdrücken kann: in der Unruhe meines Herzens; in der Sehnsucht nach Ruhe und Stille; in dem Wunsch, Gott zu hören und seinen Willen zu erkennen; in der Hoffnung, Gleichgesinnte zu finden, die ähnliche Fragen haben und die sich durch ihr Zeugnis gegenseitig Mut machen, an Gott und am Leben festzuhalten und den Weg weiter zu gehen. Deshalb sind der Austausch und das gemeinsame Beten so wichtig.

In Beziehung kommen mit mir selbst, mit anderen und mit Gott. Das ist das Hauptziel von gestalteten geistlichen Zeiten. Auf die Beziehung kommt es an, denn wir leben von Beziehungen. In Beziehung sein mit sich selbst, den Mitmenschen und Gott bedeutet in der Mitte zu sein, in sich zu ruhen und in Gott zu stehen. Wir sind von unserm Wesen her auf Beziehung angelegt. Unser Menschsein kann sich ohne Beziehungen nicht entfalten. Beziehungen machen nicht nur das Leben aus, sie regeln es auch.

Die geistliche Zeit bietet Gelegenheit, sich bewusst zu werden, wo ich in meiner Gottesbeziehung stehe, sich klar zu werden, was mir daran wichtig ist und sich darin erneut bestärken zu lassen mit dem, was Gott mir in dieser Zeit schenken möchte.

Wer sind die Adressaten?

In den verschiedenen pastoralen Räumen engagieren sich viele ehrenamtlich tätige Frauen und Männer als Lektor, Kommunionhelfer, Mitglied des Pfarrgemeinderates oder des Krankenhausbesuchsdienstes, als Mitglied in einem Frauenverband oder ähnliches. Sie stellen sich in den Dienst der Kirche und gestalten diese für andere und mit anderen. Dieses Engagement erfordert Kraft und Zeit, wenngleich es den Einzelnen meist auch mit Freude und Dankbarkeit erfüllt.

Diese kirchlich engagierten Menschen dürfen in ihrem Dienst nicht alleine gelassen werden. Sie brauchen zum einen Unterstützung und Ermutigung, und zum anderen die Möglichkeit, sich mit anderen in geistlicher Weise austauschen zu können, Kraft zu schöpfen und sich der inneren geistigen Mitte neu zu vergewissern.

Das Angebot geistlicher Zeiten kann aber ebenso an interessierte Christinnen und Christen gerichtet sein, die ihren Glauben ernst nehmen und Impulse und geistliche Nahrung für ihren Weg mit Gott suchen. Es möchte gerade diejenigen ansprechen, die »hungern und dürsten« nach Gottes Wort, die Ruhe und Stille suchen, die beten möchten und ihren Glauben ins Gespräch bringen wollen.

Wie sieht das Konzept aus?

Die Modelle für Besinnungs- und Einkehrtage sind als Tagesveranstaltung konzipiert, die sich über vier bis fünf Stunden erstreckt, in einem Zeitrahmen von ungefähr 10:00 Uhr bis 16:00 Uhr, mit entsprechenden Pausen und Mahlzeiten.

Einige Modelle sind durch weitere Module ergänzt, sodass die geistliche Zeit auch verlängert werden kann.

Ein ruhiger Ort, ein Haus mit geistiger Atmosphäre, fördert die Offenheit und Entfaltungsmöglichkeiten. Der Raum, in dem die Teilnehmer/innen vorwiegend den Tag miteinander verbringen, sollte hell, warm und einladend gestaltet sein. Die gestaltete Mitte sollte mit dem Thema korrespondieren. Der Fantasie und Kreativität sind hier keine Grenzen gesetzt, wobei es nicht überladen wirken sollte. Die Teilnehmer/innen sitzen im Stuhlkreis.

Mir ist es sehr wichtig, zu Beginn mit den Teilnehmer/innen ein paar Vereinbarungen zu treffen, sozusagen einen »Kontrakt« abzuschließen. Hierbei geht es vor allem um die innere Haltung, mit der man einander begegnen will. Die Teilnehmer/innen können für sich prüfen, ob sie damit einverstanden sind. Solche Punkte sind:

- Ich betrete »heiligen Boden«, sobald sich mein Gegenüber öffnet und von sich erzählt. Ich schenke ihm meine Wertschätzung und mein Wohlwollen.
- Es gibt kein Falsch oder Richtig. Es gibt nur Dein und Mein – beides darf sein, so wie es ist. Es geht nicht darum zu überzeugen, sondern Zeugnis zu geben im Geschenk des Mitteilens.
- Störungen haben Vorrang. Wenn etwas fehlt oder stört, sollte dies gleich benannt werden, damit es sich eventuell ändern lässt. Vor allem sind innere Widerstände, die einen daran hindern, sich weiterhin auf den Prozess einzulassen, ernst zu nehmen und direkt anzusprechen. Nur so können sich Blockaden lösen und die betreffende Person kann wieder ins Geschehen einsteigen.

Wahrnehmungs- und Körperübungen, Singen, meditativer Tanz und kreative Angebote sind nach eigenem Ermessen einzufügen und zu erweitern.
Sie verhelfen zu einem ganzheitlichen Erleben und bewahren vor einem zu
kopflastigen Programm. Das Angebot richtet sich nach den Kompetenzen
der leitenden Person und der Offenheit der Teilnehmer/innen. Weiterfüh-
rende Anregungen finden sich bei den Literaturhinweisen.

Die geistliche Zeit sollte mit einer gemeinsamen Gebetseinheit enden. Den
Teilnehmern/innen tut es meist gut, sich am Ende des Tages noch einmal
zu sammeln und das Erlebte ins Gebet münden zu lassen. Jeder hat so die
Möglichkeit, die innere Bewegtheit nachklingen und vor Gott wirken zu lassen. Im Gespräch mit Gott können Lobpreis, Dank und Bitte formuliert werden.

Geistliche Zeiten für Gruppen
Zehn Modelle

Ein Segen sollst du sein

Gedanken zum Thema

Abraham ist der Urvater unseres Glaubens. Seine Berufung war nicht nur ein persönliches Beziehungsgeschehen zwischen Gott und Abraham. Abrahams Glaubensgeschichte sollte durch die Verheißung Gottes für alle Generationen nach ihm an Bedeutung gewinnen.

Der Segen, den Gott Abraham und seinen Nachkommen schenkt, gilt auch uns, da wir zu den Erben und Nachkommen Abrahams zählen. Daher gilt Gottes Verheißung auch uns Christen heute. »Ein Segen sollst du sein« ist sowohl Gottes Zusage, mit der er uns bestärken möchte auf unserem Weg, als auch sein Anspruch an uns, selbst zum Segen für andere zu werden.

Ziele

Die Teilnehmer und Teilnehmerinnen sollen sich von Gott gesegnet wissen und daraus Ermutigung für ihren Glaubens- und Lebensweg erfahren.

Gestaltung der Mitte

Auf einem kreisförmig gestalteten braunen Tuch liegt ein leuchtend gelbes Tuch, das pfeilartig aus der Mitte nach außen zeigt. In der Mitte der Tücher steht eine Schale mit einer brennenden Kerze. Auf dem gelben Tuch liegt in Richtung Pfeilspitze der Satz »Ein Segen sollst du sein« in großen Buchstaben auf einem DIN-A4-Blatt.

Möglicher Verlauf (ca. 4 bis 5 Stunden)

1. Einstieg (ca. 30 bis 40 Minuten)
2. Bildbetrachtung »Abraham« von Sieger Köder (ca. 15 Minuten)
3. Brainstorming »Segen« (ca. 20 Minuten)
4. Bibeltext und Impulsreferat (ca. 30 Minuten)
5. Einzelbesinnung mit Bibeltext (Gen 12,1-4) und Impulsfragen (ca. 30 bis 45 Minuten)
6. Emmaus-Gang (ca. 30 Minuten)
7. Bibel teilen: Eph 1,3-14 (ca. 45 bis 60 Minuten)

8. Segensfeier (ca. 30 Minuten)
9. Auswertung (ca. 30 Minuten)

1. Einstieg

Ankommen – Vorstellen – Hinführen

* Nach der Begrüßung werden die Teilnehmer/innen eingeladen, an diesem Ort, in diesem Raum, in diesem Kreis von Menschen anzukommen. Hierzu dient eine kurze Wahrnehmungsübung (M 1), die grundsätzlich zu Beginn jeder der sieben thematischen Einheiten vollzogen werden kann.
* Die Teilnehmer/innen werden gebeten, sich vorzustellen mit der Frage: Was habe ich in letzter Zeit als segensreich erlebt?
* Zur Hinführung gehören grundsätzlich das Vorstellen des Themas und die Erklärung des geplanten inhaltlichen und zeitlichen Verlaufs, sowie der Kontrakt.

2. Bildbetrachtung

Sieger Köder: Abraham. Die Nacht von Hebron (M 3)
Jede Teilnehmerin bzw. jeder Teilnehmer bekommt ein separates Bild. Wenn jeder das Bild vor sich hat, sind die Details besser zu erkennen. Das Format kann von der Größe einer Postkarte bis Din A4 gehen. Anschließend können die Teilnehmer/innen das Bild mit nach Hause nehmen.
Bildbetrachtung in zwei Schritten:

* Was sehe ich?
* Was spricht mich an?

2. Brainstorming »Segen«

Die Teilnehmer/innen sind eingeladen, in den Raum zu sprechen, was ihnen spontan zum Begriff »Segen« einfällt. Auf einem DIN-A2-Blatt werden im Plenum alle Ideen von der Leitung notiert.
Oder die Teilnehmer/innen sammeln in zwei Gruppen ihre Einfälle, ohne sie im Plenum näher zu besprechen. Bevor es mit dem nächsten Schritt weitergeht, bekommen alle Gelegenheit, die Notizen der anderen Gruppe zu lesen.

4. Bibeltext und Impulsreferat

Bibeltext (M 4) und Referat (M 5) werden vorgetragen.

5. Einzelbesinnung mit Bibeltext (Gen 12,1-4) und Impulsfragen

Die Teilnehmer/innen sind eingeladen, sich in die Stille zurückzuziehen, um das Gehörte und Gesagte nachklingen zu lassen und mit Gott ins Gespräch zu kommen.

Der Bibeltext (M 4) und die Impulsfragen (M 6) können dabei hilfreich sein.

6. Emmaus-Gang

Die Teilnehmer/innen suchen sich eine/n Gesprächspartner/in für den Austausch zu zweit. Bei einem Spaziergang hat jede/r 15 Minuten Zeit, von dem zu erzählen, was ihr/ihm bewusst geworden ist, was an der Thematik bewegt, welche segensreichen Erfahrungen man im Leben gemacht hat, während der andere aufmerksam zuhört.

So wie Christus mit den Emmaus-Jüngern unterwegs war, so sollte auch hier auf die Gegenwart Christi aufmerksam gemacht werden, der unter ihnen ist und sie auf ihrem Weg begleitet.

Der Emmaus-Gang wird abgeschlossen, indem die Gesprächspartner/innen sich gegenseitig segnen: Sie sprechen sich Segenswünsche zu und bekräftigen diesen Segen eventuell auch durch einen Segensgestus (z. B. die Hand geben, Hände auflegen, ein Kreuz auf die Stirn zeichnen).

Sollte es nicht möglich sein, das Gespräch im Gehen zu führen, ist der Austausch natürlich auch an einem ruhigen Ort möglich.

7. Bibel teilen: Epheser 1,3-14 (M 7)

Zum Bibelgespräch sollten sich sechs bis acht Personen zu einer Gruppe finden, von denen jeweils eine sich bereit erklärt, das Bibelgespräch anhand der vorgegebenen Schritte (M 8) zu leiten.

8. Segensfeier

Mögliche Elemente

Lieder:

* Gottes guter Segen sei mit euch (Troubadour Nr. 1042)
* Komm, Herr, segne uns (Troubadour Nr. 337)
* Bewahre uns Gott (Troubadour Nr. 335)

* Sing mit mir ein Halleluja (Troubadour Nr. 328)
* Lasst uns loben, freudig loben (Gotteslob Nr. 637)
* Lobe den Herren (Gotteslob Nr. 258)

Lobpreis und Dank:
Die Teilnehmer/innen werden eingeladen, Gott zu loben und zu danken für erfahrenen Segen in ihrem Leben.

Biblische Lesung: Genesis 12,1-4

Stille oder Musik

Einander segnen:
Die Teilnehmer/innen sind eingeladen, auf ein oder zwei Personen zuzugehen und ihnen einen Segenswunsch zuzusprechen.

Vaterunser

Segensgebet: Gott segne dich auf deinem Weg (M 9)

Segensbitte

9. Auswertung

Nachdem die Teilnehmer/innen einen ganzen Tag im Gespräch und Gebet miteinander verbracht haben, ist es angebracht, sich zum Abschluss mitzuteilen, wie es den einzelnen am Ende dieses Tages geht, welche Eindrücke sie mit nach Hause nehmen, was ihnen bewusst geworden ist.
Zudem dient die Reflexion dazu, die gesetzten Ziele und das Konzept zu überprüfen.
Hierzu einige Fragen zur Auswahl:

* Wie bin ich angekommen? Wie gehe ich jetzt nach Hause?
* Was habe ich wahrgenommen? Wie habe ich reagiert? Was habe ich gelernt?
* Wie erlebe ich mich jetzt am Ende dieses Tages? Was hat sich verändert?
* Was ist mir wichtig geworden? Was nehme ich mit?

Materialien und Medien

M 1

Wahrnehmungsübung

Die Teilnehmer/innen werden gebeten

a) ihre Aufmerksamkeit auf den Raum zu lenken, in dem sie sich jetzt befinden, und wahrzunehmen, was ihnen auffällt an Helligkeit und Dunkelheit, Wärme oder Kälte, Stille und Geräuschen, an der Gestaltung des Raumes, u. ä.

b) die Menschen in den Blick zu nehmen, mit denen sie diesen Tag zusammen verbringen werden: Wer sitzt mit mir in dieser Runde? Welche Atmosphäre, welche Stimmung nehme ich wahr?

c) ihre Aufmerksamkeit auf sich selbst zu richten, auf ihre Gedanken, ihre Gefühle, ihre körperliche und seelische Verfassung – kurz: Wie bin ich jetzt da? Wie ist meine innere Haltung, mit der ich hier sitze: eher offen und gespannt oder eher distanziert und abwartend.

Danach wird den Teilnehmer/innen zugesprochen, so da sein zu dürfen, wie sie jetzt da sind und sie werden eingeladen, sich in einer Zeit der Stille von Gott anschauen zu lassen.

Diese Zeit kann mit Musik (z. B. Loreena McKennitt, The dark night of the soul aus: mask and mirror) untermalt werden.

Die Wahrnehmungsübung wird mit dem Gebet »Herr, lass mich ankommen« (M 2) beendet.

M 2

Herr, lass mich ankommen
bei mir,
vor dir

einfach da sein und wahrnehmen,
was mich umgibt:
Licht und Schatten,
Farben und Formen,

Pflanzen und Gegenstände,
Geräusche und Stille.
Ich will spüren, dass ich bin.

Herr, lass mich ankommen
bei mir,
vor dir

ganz da sein und wahrnehmen,
was mich bewegt,
was mich erfreut oder belastet,
was mich fördert oder überfordert,
was mich einengt oder frei macht.
Ich will sehen, wie ich bin.

Herr, lass mich ankommen
bei mir,
vor dir

und ausruhen unter deinem zärtlichen Blick,
und aufatmen in deiner liebenden Gegenwart.

Petra Stadtfeld

M 3

Bild von Sieger Köder: Abraham. Die Nacht von Hebron.
Das Bild ist in folgendem Buch zu finden: Gertrud Widmann und Sieger
Köder: Die Bilder der Bibel von Sieger Köder, Erschließende und meditative
Texte. Schwabenverlag 2004. Postkarten im Format 10,5 x 14,8 cm gibt es
beim Schwabenverlag zu bestellen.

M 4

Bibeltext: Gen 12,1-4

Der Herr sprach zu Abram: Zieh weg aus deinem Land, von deiner Verwandt-schaft und aus deinem Vaterhaus in das Land, das ich dir zeigen werde.

Ich werde dich zu einem großen Volk machen, dich segnen und deinen Namen groß machen.
Ein Segen sollst du sein.

Ich will segnen, die dich segnen; wer dich verwünscht, den will ich verflu-chen. Durch dich sollen alle Geschlechter der Erde Segen erlangen.

Da zog Abram weg, wie der Herr ihm gesagt hatte, und mit ihm ging auch Lot.

M 5

Impulsreferat

Die Berufung des Abraham

Zieh weg – aus deinem Land, von deiner Verwandtschaft, aus deinem Vater-haus – das klingt zunächst eher negativ. Es schwingt mit: loslassen, aufge-ben, verlieren.

Abraham war Kleinviehhirt, er hatte Ziegen und Schafe. Er war es gewohnt umherzuziehen und Ausschau zu halten nach Weidegebieten für seine Tiere. Längere Wanderungen waren ihm daher vertraut. Ganz und gar uner-wartet jedoch war für ihn das Wandern aus dem »Vaterhaus«. Das Wort »Haus« hat in der Bibel eine weitere Bedeutung als bei uns. Das »Haus« des David war nicht sein Palast, sondern seine Familie. So war das »Haus« des Abraham nicht das Zelt seines Vaters, sondern seine Sippe. Die Sippe war damals die einzige Macht der Wandernden. Jeder konnte einen Hirten überfallen, jede Stadt ihm seine Herden wegnehmen, wenn nicht eine Sippe hinter ihm stand. Die Sippe vertrat Gericht, Polizei und Staat in der Welt der Wandernden.

Diese einzige Sicherheit soll Abraham aufgeben. Er soll sich auf einen Weg begeben, auf dem er schutzlos ausgeliefert wäre. Und wohin? In ein Land, das er nicht einmal kennt. Der Mann ohne Kinder und damit ohne Zukunft soll auch die letzte Bindung noch lösen.

Bis hierhin sind die Worte Gottes an Abraham eine unerhörte *Zumutung*. Sie gewinnen aber einen anderen Klang: Sie werden zur *Verheißung*.

Genauer betrachtet, verspricht Gott zweierlei:

Erstens: »Ich will alle segnen, die dich segnen; wer dich verwünscht, den will ich verfluchen.« Das ist eine Abwandlung der uralten Solidaritätsformel, durch die Blutsbrüderschaft begründet wurde: Dein Blut ist mein Blut, deine Feinde sind meine Feinde, deine Freunde sind meine Freunde. Durch diese Formel macht der Blutsbruder die Sache seines Bruders zur eigenen. Die beiden werden handeln, als wären sie ein einziger.

Gott bietet Abraham eine neue Sicherheit: Er selbst übernimmt den Schutz, den sonst die Sippe gewährt. Man könnte auch sagen: Abraham wird zur Familie Gottes gehören. Oder anders ausgedrückt: Gott ist der Gefährte des Menschen auf dem Weg seines Lebens. Diese Wirklichkeit ist der rote Faden jeder biblischen Glaubensgeschichte und gilt bis heute. Auch in unserem Leben, in unserer Glaubensgeschichte, gibt es diesen roten Faden. Gott ist der Weggefährte auch in unserem persönlichen Leben. Unser Leben ist die Geschichte, die Gott mit jedem von uns schreibt. Es ist eine Heilsgeschichte. Es ist unser Weg mit Gott, Gottes Weg mit uns. Es ist ein Weg, der im Letzten zum Heil führt.

Zweitens: Die zweite Verheißung liegt in den Worten: »Ein Segen sollst du sein.« Es meint: Sein Leben wird sprichwörtlich glücklich sein. Abraham soll auf dem Weg, den Gott ihm weist, sein Glück finden, ein überwältigendes, alle Grenzen des Gewöhnlichen sprengendes Glück.

Abrahams Glück ist nicht (allein) das stille Glück eines erfüllten Lebens. Es ist das Glück, eine große Geschichte zu beginnen, der Vater vieler zu werden. Allgemein ausgedrückt: Abraham wird eine große Zukunft verheißen (Heilsgeschichte).

Abraham hat nur noch eine Zukunft, wenn sein Exodus anderen zum Segen wird. Abraham soll eine Quelle des Segens werden für alle, die mit ihm in Berührung kommen.

Worauf bezieht sich der Segen? Zunächst gilt der Segen einer zahlreichen Nachkommenschaft, die die Grundlage eines Volkes ausmacht. Dazu gehört auch das Land mit entsprechender Segensfülle. Dann soll in der Kraft des Segens sein Name groß werden, das heißt Abraham soll Ansehen und Geltung, Macht und Einfluss verschafft werden. Über sein eigenes Leben hinaus soll er an Bedeutung gewinnen. Schließlich soll der Segen auf alle Geschlechter der Erde übergehen.

Gott mutet Abraham einiges zu. Aber im Letzten führt diese Zumutung zu einer großen Verheißung. Verheißungen Gottes sind immer mit Segen verbunden.

Segen im Alten Testament der Bibel

Hören wir noch einmal den Bibeltext und achten besonders auf den Begriff »Segen« (Gen 12,1-4).

Fünfmal steht das Wort »segnen« oder »Segen« in dem kurzen Text. Den fünf Fluchworten der Urgeschichte »Schlange, Erdboden, Kain, Ackerboden, Kanaan«, wird fünfmal das Segenswort entgegengesetzt. Aus Unheilsgeschichte wird Heilsgeschichte.

Die Lebenskraft, ohne die kein lebendes Wesen existieren kann, wird von den Israeliten »berakah«, »Segen« genannt. Der Segen meint gleichzeitig etwas Inneres und etwas Äußeres.

Segen ist die innere Kraft der Seele und das Glück, das sie schafft. Alles, was Vitalität besitzt, hat auch den Segen, denn Segen ist Lebenskraft.

Der Akt des Segnens, »berekh«, bedeutet, dem Anderen Segenskraft mitzuteilen. Wer einen anderen segnet, gibt ihm etwas von sich selbst. Der Umgang der Menschen untereinander war undenkbar ohne Segen. Wenn Leute einander begegneten, so segneten sie einander. In Israel segnete man den anderen beim Kommen zur Begrüßung und beim Abschiednehmen. Für Israel ist das Grüßen eine Form, die eine tiefe Realität in sich birgt. Das Grüßen ist das Herstellen oder Bestätigen seelischer Gemeinschaft. Deshalb ist es gleichbedeutend mit Segen und es ist notwendig für die Beziehung. Wenn Freunde sich trennen, segnen sie einander, um die Freundschaft zu bekräftigen.

Wir haben einander heute Morgen auch begrüßt. Wie waren diese Begegnungen für Sie? In einer kurzen Zeit der Stille können Sie diesen Erfahrungen nachspüren.

Der Segen umfasst sowohl das Materielle als auch das Geistige. Aber zunächst und in erster Linie ist der Segen Leben, Gesundheit und Fruchtbarkeit für Volk, Vieh und Acker. Der Segen ist die Grundkraft des Lebens selbst.

Der Tempel ist eigentlich und wesentlich Ort der Segensvermittlung. Von dem im Tempel sich vollziehenden Kult strömt der Segen auf das Volk und in das Land aus. Die Menschen ziehen zum Tempel, um dort den Segen für sich und ihre Familien, für ihr Vieh und ihre Felder zu erlangen. Ist der Tempel zerstört, der dort gefeierte Gottesdienst abgebrochen, dann ist für das Land die Quelle des Segens verschüttet.

Segen im Wortsinn und Sprachgebrauch

Den Begriff Segnen bzw. Segen kennen wir zum einen aus dem Alltagssprachgebrauch und zum anderen in biblischer Redeweise, wo es seinen Ursprung hat.

Welche Sprechweisen kennen wir? [Benennen lassen – eventuell auf das Brainstorming verweisen.]
* Der ist mit Wohlstand gesegnet.
* Einen gesegneten Appetit haben.
* Gesegnete Mahlzeit.
* Einen gesegneten Schlaf haben.
* Ich wünsche dir gesegnete Weihnachten.
* Etwas »absegnen« im Sinne von billigen oder genehmigen.
* Sich eines gesegneten Alters erfreuen.
* Das Zeitliche segnen.
* Gesegneten Leibes sein.
* An Gottes Segen ist alles gelegen.

In der Bibel wird Segen von Gott und von den Menschen zugesagt. »Berekh« (hebräisch) – »segnen«, das heißt »mit heilvollen Kräften ausstatten«. Gott segnet Menschen: Wo Gott segnet, ist es eine Bekundung seiner Gunst und Liebe, ein Bekenntnis zum Menschen. Gottes Segen ist sein Versprechen: »Ich will dein Gott sein« (Gen 17,7).

Menschen segnen Menschen: Wenn Menschen einander segnen heißt dies, dem anderen heilvolle Kräfte zu wünschen.

Der Mensch segnet Gott: Aber auch umgekehrt segnet der Fromme seinen Gott – dann hat Segen die Bedeutung von »loben oder preisen«.

Segen im Neuen Testament

Im Alten Testament steht der Segen immer in Verbindung mit Verheißung: als verheißender Segen. Der Gebrauch des Segensbegriffes im Neuen Testament setzt hier an und nimmt ihn mit hinein in das Christusgeschehen: Christianisierung des Segens.

Im Alten Testament war Jahwe der Segnende, im Neuen Testament besteht die entscheidende Wandlung darin, dass der Segen Jahwes, des Gottes Israels, zum Segen in Christus wird, das heißt, dass Christus selbst der Segnende wird, dass alles Segenswirken Gottes in Christus verbunden wird.

Durch die Verbindung mit dem Christusgeschehen erfährt die Geschichte des Segens einen Umbruch, eine Wandlung. Die entscheidende Wandlung besteht darin, dass durch Gottes Tat in Christus der Tod keine Grenze mehr für Gottes Segenswirken ist. Das bedeutet, dass der Segen an der Verborgenheit des Wirkens Gottes im Kreuz Christi Anteil bekommt. Der Segen kann sich somit auch in Kreuz und Tod verbergen. »Im Kreuz ist Heil, im Kreuz ist Leben, im Kreuz ist Hoffnung.« Das Kreuz ist uns zum Heilszeichen geworden. Daher bekreuzigen wir uns, wenn wir uns segnen. Das Kreuz ist Segensgestus geworden.

Wir sind Gesegnete

Gott hat die Welt und uns Menschen erschaffen. Er hat mit den Menschen einen Bund geschlossen, den er in seiner Treue nie auflösen wird. Er hat segnend seine Hand über die Welt gelegt. Er hat uns gesegnet als seine Geschöpfe, als seine Kinder.

Wir sind Gesegnete von Anfang an und über den Tod hinaus. Gott hat uns seine Nähe, seine Gegenwart zugesagt, wo immer wir sind, was immer wir tun, wie unser Glauben und Leben auch sein mag.

Gott hat uns seine heilvollen Kräfte zugesagt, das heißt nicht, dass uns kein Unheil widerfahren kann oder wir keine Wunden davontragen. Es meint, dass wir das Leben bestehen können, auch dann, wenn wir nicht alles verstehen und nach dem Warum fragen.

Wir sind Gesegnete gerade dann, wenn wir Angst haben und uns schwach fühlen, wenn wir unser tägliches Kreuz auf uns nehmen müssen. Gerade dahinein sind wir gesegnet – will Gottes Segen uns stärken auf dem Weg, der im Letzten zum Heil führt.

Diesen Segen des Schöpfers haben unsere Eltern und später wir selbst angenommen und lassen ihn besiegeln durch Taufe und Firmung. Gott kommt uns darin erneut entgegen und bestärkt uns mit seinem Beistand, der Gabe des Heiligen Geistes.

Wir sind Gesegnete, egal ob wir gesund oder krank sind, ob wir Erfolg haben oder versagen, ob wir stark sind oder uns schwach fühlen, ob wir froh sind oder traurig. Wir sind Gesegnete.

Wo immer ich Gottes Wege gehe, seinen Willen über meine Lebensplanung stelle und glauben kann, dass Gottes Verheißung auch mir zum Segen wird und mich zum Heil führt, da werde ich selbst zum Segen für andere.

M 6

Impulsfragen zur Einzelbesinnung

- Segens – Erfahrungen: In welchen Lebenssituationen haben mich heilvolle Kräfte gestärkt?
- Wer/Was ist mir zum Segen geworden?
- Für wen bin ich ein Segen?
- Gibt es ein Segenswort, das mich auf meinem Weg begleitet?

M 7

Bibeltext: Eph 1,3-14
Loblied auf den Heilsplan Gottes

3 Gepriesen sei der Gott und Vater unseres Herrn Jesus Christus:/Er hat uns mit allem Segen seines Geistes gesegnet/durch unsere Gemeinschaft mit Christus im Himmel.

4 Denn in ihm hat er uns erwählt vor der Erschaffung der Welt,/damit wir heilig und untadelig leben vor Gott;

5 er hat uns aus Liebe im Voraus dazu bestimmt,/seine Söhne zu werden durch Jesus Christus/und nach seinem gnädigen Willen zu ihm zu gelangen,

6 zum Lob seiner herrlichen Gnade./Er hat sie uns geschenkt in seinem geliebten Sohn;

7 durch sein Blut haben wir die Erlösung,/die Vergebung der Sünden nach dem Reichtum seiner Gnade.

8 Durch sie hat er uns mit aller Weisheit und Einsicht reich beschenkt

9 und hat uns das Geheimnis seines Willens kundgetan,/ wie er es gnädig im Voraus bestimmt hat:

10 Er hat beschlossen, die Fülle der Zeiten heraufzuführen,/in Christus alles zu vereinen, alles, was im Himmel und auf Erden ist.

11 Durch ihn sind wir auch als Erben vorherbestimmt und eingesetzt/nach dem Plan dessen, der alles so verwirklicht,/wie er es in seinem Willen beschließt;

12 wir sind zum Lob seiner Herrlichkeit bestimmt,/die wir schon früher auf Christus gehofft haben.

13 Durch ihn habt auch ihr das Wort der Wahrheit gehört, das Evangelium von eurer Rettung;/durch ihn habt ihr das Siegel des verheißenen Heiligen Geistes empfangen, als ihr den Glauben annahmt.

14 Der Geist ist der erste Anteil des Erbes,/das wir erhalten sollen,/der Erlösung, durch die wir Gottes Eigentum werden,/zum Lob seiner Herrlichkeit.

M 8

Bibel-Teilen

- Einladen:
  Wir werden uns bewusst, dass der Herr in unserer Mitte ist. Wer möchte dies in einem Gebet aussprechen?
- Lesen:
  Wer möchte den Bibeltext lesen?
- Verweilen:
  Wir suchen nun Worte oder Verse aus dem Text heraus und sprechen sie mehrmals laut und betrachtend aus.
  Danach: Wer möchte den Text noch einmal im Zusammenhang lesen?
- Schweigen:
  Ich lade ein zur Stille, in der Gott zu uns sprechen kann.
- Austauschen: Wir tauschen uns darüber aus, was uns im Herzen berührt hat. Welches Wort hat uns persönlich heute angesprochen?

M 9

Segensgebet
Gott segne dich auf deinem Weg
und sei mit dir an jedem Tag deines Lebens,
damit du weißt: du bist nicht allein.

Gott stärke dich auf deinem Weg
und sei mit dir bei allem was du tust,
damit du spürst: du bist nicht allein.

Gott begleite dich auf deinem Weg
und leite dich in deinen Entscheidungen
damit du erfährst: du bist nicht allein.

Gott behüte dich auf deinem Weg
und schütze dich in den Stürmen des Lebens,
damit du erkennst: du bist nicht allein.

Gott segne dich auf deinem Weg
und schenke dir die Fülle seines Segens,
damit du glauben kannst: du bist ein Segen.

Petra Stadtfeld

Weitere Module

Segensgebet schreiben (ca. 45 Minuten)
Die Teilnehmer/innen werden eingeladen, ein Segensgebet zu schreiben:
a) als Lobpreis Gottes (Segensgebet an Gott) für den im Leben erfahrenen Segen
b) oder als Segenswunsch für (eine) bestimmte Person(en).

Emmaus-Gang (ca. 60 Minuten)
Der Emmaus-Gang kann auf 60 Minuten ausgedehnt werden.

Gesprächsaustausch über das Referat (ca. 30 Minuten)
Die Teilnehmer/innen sind eingeladen, im Plenum ihre Gedanken und Fragen zum Referat zu äußern und darüber ins Gespräch zu kommen. Folgende Fragen können das Gespräch anregen:

◆ Welche Gedanken stoßen bei mir auf Resonanz?
◆ Welche Bedeutung hat das Segnen in heutiger Zeit?
◆ Welche Erfahrungen mache ich damit?

Sei ganz!

Gedanken zum Thema

Die erste und zweite Einheit »Ein Segen sollst du sein« und »Sei ganz!« können sowohl aufeinander aufbauend als auch einzeln gestaltet werden. Nach Gen 12,1-4, der Berufung und dem Aufbruch Abrahams und der damit verbundenen Verheißung Gottes, Segen für andere zu sein, geht es in der Einheit »Sei ganz!« um den Bund Gottes mit Abraham.

Der Bundesschluss Gottes mit Abraham und seinen Nachkommen (Gen 17,1-10) ist Hoffnungszeichen für das Volk Israel, das im Exil lebt und dessen Glaube erschüttert ist. Das Volk hat die Zerschlagung Israels erlebt, die Zerstörung Jerusalems und des Tempels. Der Bund, den Jahwe am Sinai mit dem Volk geschlossen hatte, ist gescheitert. Israel war der Lebensordnung Gottes nicht gefolgt. In der gegenwärtigen Krise greifen die priesterschriftlichen Theologen im Text auf die Abrahamtradition zurück und erkennen in ihr die Basis des Volkes Israel. Damit gehen sie hinter den Sinai-Bund zurück bis zu Abraham, zu den Anfängen der Geschichte als werdendes Volk Gottes. (Vgl. Köster, S. 40f)

Gen 17,1-11 stellt »... die Menschen im babylonischen Exil in den Horizont der Gnade (dieses Bundes) und eröffnet ihnen inmitten all ihrer Aussichtslosigkeit eine neue Zukunft. Der Glaube an Jahwes unbedingte Treue, die sich nicht von menschlichen Leistungen abhängig macht, relativiert die Katastrophe des Exils als Chance, Gottes Lebensmöglichkeiten tiefer zu verstehen und anzunehmen. So ist die Geschichte vom Bund Gottes mit Abraham (...) das Zentrum der theologischen Neubesinnung der Priesterschrift.« (Köster, S. 41)

Die biblische Botschaft vom Glauben, Vertrauen und Hoffen des Abraham fordert uns heraus, unsere innere Haltung und unser Verhalten gegenüber der Wirklichkeit zwischen Entwicklung und Hindernis neu in den Blick zu nehmen.

Auch wir Menschen in heutiger Zeit müssen immer wieder neu aufbrechen und unseren Weg gehen. Dabei dürfen wir uns wie Abraham von Gott ermutigen und zusprechen lassen: »Geh einher vor meinem Angesicht! Sei ganz!«

Ziele

Die Teilnehmer/innen sollen ermutigt werden, im Vertrauen auf Gott ihren Weg zu gehen und auf ihre persönliche Entwicklung zu achten.

Gestaltung der Mitte

Ein braunes langes Tuch als Weg legen. Darauf steht in der Mitte eine große brennende Kerze und davor eine kleine brennende Kerze. Rosenblätter und kleine Steine können auf dem »Weg« verteilt werden.

Möglicher Verlauf (ca. 5 Stunden)

1. Einstieg (ca. 40 Minuten)
2. Gruppenarbeit mit dem Titelwort (ca. 30 bis 40 Minuten)
3. Austausch über die Ergebnisse der Gruppenarbeit im Plenum (ca. 30 bis 40 Minuten)
4. Einzelbesinnung mit der Bibelstelle Gen 17,1-10 und Impulsfragen (ca. 30 bis 40 Minuten)
5. Austausch in kleinen Gruppen (ca. 45 Minuten)
6. Kreative »Ton – Übung« mit Text und Musik (ca. 30 Minuten)
7. Gebetseinheit (ca. 30 Minuten)
8. Auswertung (ca. 30 Minuten)

1. Einstieg

Ankommen – Vorstellen – Hinführen

* Begrüßung der Teilnehmer/innen.
* Vorstellen des Themas und des Verlaufsplanes:
  Dabei den inhaltlichen roten Faden der ersten Einheit »Ein Segen sollst du sein« aufgreifen, falls diese zuvor stattgefunden hat.
* Vorstellungsrunde:
  Die Teilnehmer/innen sind eingeladen, sich aus einer ausgelegten Sammlung von verschiedenen Motivbildern eines auszusuchen, das ihnen gefällt, und sich damit vorzustellen: Was sagt das Bild über mich und über das, was mich zurzeit bewegt?
  Gebet »Suchende« (M 1)

2. Gruppenarbeit mit dem Titelwort

Die Teilnehmer/innen sollen sich in zwei Gruppen über das Bibelwort austauschen. Die Ergebnisse werden auf einem DIN-A2-Blatt/Plakatkarton stichwortartig festgehalten.

Gruppe A:　»Geh einher vor meinem Antlitz! Sei ganz!«
　　　　　　　(Übersetzung Martin Buber)
Gruppe B:　»Geh deinen Weg vor mir und sei rechtschaffen!«
　　　　　　　(Einheitsübersetzung)

3. Austausch über die Ergebnisse der Gruppenarbeit

Aus jeder Gruppe stellt eine Person die notierten Ergebnisse im Plenum vor. Die Inhalte werden verglichen und miteinander diskutiert:

* Was fällt auf?
* Was fiel schwer?
* Worin liegen Gemeinsamkeiten und Unterschiede?

4. Einzelbesinnung mit der Bibelstelle Gen 17,1-10 und Impulsfragen

Die Teilnehmer/innen sind eingeladen, sich in die Stille zurückzuziehen und den Bibeltext Gen 17,1-10 (M 2) zu betrachten. Dazu können die Impulsfragen (M 3) hilfreich sein. Diese sollen nicht der Reihe nach bearbeitet werden. Es kann bereits genügen, sich auf eine Frage zu konzentrieren.

5. Austausch in kleinen Gruppen

Die Teilnehmer/innen finden sich in kleinen Gruppen (vier bis sechs Personen) zusammen und sprechen über die Erfahrungen in der Einzelbesinnung mit dem Bibeltext und ihren Antworten auf die Impulsfragen.

6. Gebetseinheit

Mögliche Elemente
Lieder:

* Menschen auf dem Weg (Troubadour Nr. 735)
* Sag ja zu mir, wenn alles nein sagt (Gotteslob Nr. 165)
* Wohl denen, die da wandeln (Gotteslob Nr. 614)

Text: Aufbrechen (M 4)

Psalm 119 A und 119 B (Gotteslob Nr. 750 und 751)

Biblische Lesung: Gen 17,1-10

Stille

Text: Geh den Weg (M 5)

Vaterunser

Segensbitte/Segen

7. Auswertung

Am Ende erfolgt wie gewohnt die Reflexion des Tages. Aus folgenden Fragen kann ausgewählt werden:

* Auf welchem innerlichen Weg bin ich hierher gekommen? Auf welchem Weg gehe ich nach Hause?
* Worin fühle ich mich bestärkt? Wodurch herausgefordert?
* Welche Wirkung hinterlassen die Erfahrungen dieses Tages? Was ist jetzt in mir lebendig?

Materialien und Medien

M 1

Suchende
Suchende sind wir, Herr,
nach einem Sinn.
Lass uns finden
hinter den Worten:
dein Wort.

Tastende sind wir, Herr,
nach einem Grund.
Lass uns greifen
hinter den Sätzen:
dein Geheimnis.

Hoffende sind wir, Herr,
auf ein Zeichen.
Lass uns lesen
zwischen den Zeilen:
dein Antlitz

Wartende sind wir, Herr,
auf ein Echo.
Lass uns hören
zwischen den Pausen:
dein Atmen.

Suchende sind wir, Herr,
Tag für Tag.
Lass uns spüren
in unserer Sehnsucht:
deine Liebe.

Alois Albrecht

M 2

Bibeltext: Gen 17,1-10

1 Als Abram neunundneunzig Jahre alt war, erschien ihm der Herr und sprach zu ihm: Ich bin Gott, der Allmächtige. Geh deinen Weg vor mir und sei rechtschaffen!

2 Ich will einen Bund stiften zwischen mir und dir und dich sehr zahlreich machen.

3 Abram fiel auf sein Gesicht nieder; Gott redete mit ihm und sprach:

4 Das ist mein Bund mit dir: Du wirst Stammvater einer Menge von Völkern.

5 Man wird dich nicht mehr Abram nennen. Abraham (Vater der Menge) wirst du heißen; denn zum Stammvater einer Menge von Völkern habe ich dich bestimmt.

6 Ich mache dich sehr fruchtbar und lasse Völker aus dir entstehen; Könige werden von dir abstammen.

7 Ich schließe meinen Bund zwischen mir und dir samt deinen Nachkommen, Generation um Generation, einen ewigen Bund: Dir und deinen Nachkommen werde ich Gott sein.

8 Dir und deinen Nachkommen gebe ich ganz Kanaan, das Land, in dem du als Fremder weilst, für immer zu Eigen und ich will ihnen Gott sein.

9 Und Gott sprach zu Abraham: Du aber halte meinen Bund, du und deine Nachkommen, Generation um Generation.

10 Das ist mein Bund zwischen mir und euch samt deinen Nachkommen, den ihr halten sollt: Alles, was männlich ist unter euch, muss beschnitten werden.

M 3

Impulsfragen

◆ Was hat mich berührt?
◆ Was bewegt die Aufforderung Jahwes an Abraham in mir?
◆ Wie lebe ich meine Rechtschaffenheit und mein Ganzsein?
◆ Wie gestaltet sich meine Beziehung zu Gott?

M 4

Aufbrechen

Aufbrechen, losgehen, in Bewegung
bleiben,
immer wieder neu
aufbrechen, losgehen, in Bewegung
bleiben

Unterwegs sein
mit der Geschichte, die Gott mit mir schreibt
in der Spur der Verheißung,
die lockt und froh macht
mit dem Woher und Wohin
im Hier und Jetzt – unterwegs sein

Aus dem Gestern ins Morgen
im Hier und Heute
benannt und gerufen ins Leben,
ins Unterwegs sein
namentlich und lebendig,
suchend und hoffend
auf sein Wort hin

Gehen und ganz sein
wohnen im Ich
wachsen und reifen
Ich bin. Ich werde.

Petra Stadtfeld

M 5

Geh den Weg

Mache dich auf den Weg, geh so wie du bist.
Nimm dich mit, mit all deinen Fehlern und Schwächen,
mit all deinen guten und starken Seiten.

Geh den Weg, den ich dir zeigen werde,
ohne wenn und aber;
geh den Weg mit Vertrauen, mit Hoffnung, mit Geduld, mit mir.

Ich will bei dir sein und bleiben,
ich will dich führen und dich an die Hand nehmen,
denn ich bin der Weg: Ich gebe dir Orientierung,
ich will dich führen und begleiten, denn ich bin die Wahrheit:
Und nur so kannst du den Weg finden.

Ich will dir Kraft geben und Energie,
denn ich bin das Leben,
und du wirst nicht sterben, sondern leben, immer leben.
Leben – Leben – Leben!

Mit mir leben, in mir leben, für mich leben – das ist Leben:
ganz neu, ganz anders, ganz beglückend – ganz Leben.

Auch wenn es nicht immer leicht ist,
auch wenn du manchmal keinen Ausweg siehst:
Es ist doch immer mein Weg,
es ist doch immer meine Wahrheit,
es ist doch immer mein Leben – für dich.

Hab' Mut, versuche es, geh!
Ohne zu zögern; vertraue, traue in Treue!
Und du findest alles:
Sonne, Wärme, Licht, Gnade, Gott, mich.

Verfasser unbekannt

M 6

Text von Irenäus von Lyon

Mensch, du bist ein Werk Gottes.

Erwarte also die Hand deines Künstlers, die alles zur rechten Zeit macht; zur rechten Zeit für dich, der du gemacht wirst.

Bring ihm ein weiches, williges Herz entgegen und bewahre die Gestalt, die der Künstler dir gab.

Bleibe formbar, damit du nicht verhärtest und schließlich die Spur seiner Finger verlierst. Wenn du den Abdruck seiner Finger bewahrst in dir, steigst du zur Vollkommenheit empor. Die Kunst Gottes gestaltet den Lehm, der du bist. Nachdem er dich aus dem Stoff geformt hat, wird er dich innen und außen mit reinem Gold und Silber schmücken.

So schön wird er dich machen, dass am Ende er selbst nach dir verlangt.

Das Erschaffen kommt der Güte Gottes zu.

Erschaffenwerden aber ist das Wesen der menschlichen Natur.

Weitere Module

Ganzheitliches Erleben des Bibelwortes (ca. 45 bis 60 Minuten)
Die Teilnehmer/innen werden eingeladen, den Vers Gen 17,1 nach der Übersetzung von Martin Buber »Geh einher vor meinem Antlitz. Sei ganz!« körperlich nachzuspüren in folgenden Schritten:

Es ist wichtig bei dieser Übung aufmerksam und konzentriert bei sich selber zu sein, das eigene körperliche Empfinden wahrzunehmen und sich aus der eigenen Mitte heraus zu bewegen.
Die einzelnen Übungen dauern jeweils ca. 3 bis 5 Minuten. Die leitende Person leitet die einzelnen Übungen an und achtet auf die Zeit, sodass die Teilnehmer/innen sich ungestört auf sich selbst konzentrieren können.

»Geh«
Im Raum umhergehen. In Stille. Jeder für sich. In verschiedene Richtungen. Im eigenen Rhythmus.

»Geh vor mir her«
Im Raum umhergehen mit dem Bewusstsein, dass ich mich vor Gott bewege.
Anschließend finden sich zwei Personen zu folgender Übung zusammen: die beiden stellen sich hintereinander auf. Dabei legt die hinten stehende Person die rechte Hand auf die linke Schulter der Partnerin/ des Partners und geht in deren/dessen Rhythmus hinter ihr/ihm her. Nach ungefähr drei Minuten wechseln die Positionen.

»Sei ganz«
Jeder sucht sich einen Platz im Raum und versucht, so bewusst wie möglich zu stehen, einfach da zu sein. Es gilt, sich in den Stand, die Haltung und das körperliche Empfinden hineinzuspüren.

Zwei Teilnehmer/innen stellen sich in einem größeren Abstand voneinander gegenüber. Einer dreht sich mit dem Rücken zum Gegenüber und winkt diesen per Handzeichen so nah an sich heran, wie die betreffende Person sich wohl fühlt. In der endgültigen Position stehen bleiben und nachspüren. Wichtig ist, sich nicht umzudrehen, sondern die sich verändernde Distanz zum anderen so bewusst wie möglich wahrzunehmen.

Danach wechseln die Positionen und die Übung wird wiederholt.

Im Anschluss an diese Einheit sind alle zum Austausch eingeladen:
* Wie erging es mir mit diesen Übungen?
* Was habe ich wahrgenommen?
* Was hat mir gut getan?

Kreatives Gestalten (ca. 30 Minuten)

Alle Teilnehmer/innen erhalten als Unterlage alte Zeitungsseiten und ein Stück tonähnliche, lufthärtende Modelliermasse in die Hand. Sie werden eingeladen, auf dem Hintergrund der bisherigen Erfahrungen mit dem Thema, die Masse mit den Fingern zu modellieren und sich dabei von der inneren Bewegtheit leiten zu lassen. Es gibt keine Vorgaben, was entstehen soll. Dazu trägt die Leitung einen Text von Irenäus von Lyon (M 6) langsam und betont vor. Den meditativen Charakter dieser Übung kann ruhige Instrumentalmusik im Hintergrund verstärken.

Ich bin da!

Gedanken zum Thema

Gott beruft Moses, um sein Volk Israel aus der Knechtschaft Ägyptens herauszuführen. Gott offenbart sich dem, den er beruft. Er offenbart sich seinem Volk, das er befreien will. Moses und die Israeliten kennen ihren Gott als den Gott ihrer Väter, den Gott Abrahams, Isaaks und Jakobs. Gott trägt die Namen derer, mit denen er Geschichte geschrieben hat, mit denen er einen Bund geschlossen hat, der ewig Bestand hat und für alle nachfolgenden Generationen Gültigkeit besitzt. Gott sendet Moses und gibt sich ihm zu erkennen als Jahwe, der »Ich bin der Ich bin da«.

Auch wir sind von Gott berufen und als Christen gesandt, an seinem Reich mitzuwirken und Kirche mitzugestalten. Für jeden Menschen hat Gott einen Heilsplan, der damit beginnt, dass wir Anteil haben an der Heilssendung Christi. Indem wir nach dem Heilsplan Gottes fragen und nach seinem Willen handeln, geben wir Antwort auf den Ruf Gottes.

Gott geht uns voran auf unserem Weg der Nachfolge und begleitet uns als der »Ich bin der Ich bin da«.

Weil Gott da ist, können wir uns trauen nach unserer Berufung zu fragen. Weil Gott da ist, finden wir Mut und Kraft, uns den Aufgaben zu stellen. Weil Gott mit uns ist, brauchen wir die Dunkelheiten des Lebens nicht zu fürchten. Weil Gott uns nicht alleine lässt, können wir für andere da sein.

Ziele

Teilnehmer/innen sollen sich bewusst werden, dass sie als Christinnen und Christen zur Nachfolge gerufen sind. Sie sollen sich von Gott bestärkt fühlen in ihrer Sendung.

Gestaltung der Mitte

Auf bunten Tüchern stehen eine Kerze und die aufgeschlagene Bibel (Exodus 3).

Möglicher Verlauf (ca. 4 Stunden)
1. Einstieg (ca. 30 bis 40 Minuten)
2. Brainstorming: Berufung (ca. 30 Minuten)
3. Arbeiten mit dem Bibeltext (ca. 45 Minuten)
   a) Bibeltext vortragen
   b) Biblische Aussagen verstärken
   c) Positionieren und austauschen
4. Einzelbesinnung: Wozu bin ich berufen? (ca. 30 bis 40 Minuten)
5. Austausch zu zweit (ca. 40 Minuten)
6. Gebetseinheit (ca. 30 Minuten)
7. Auswertung (20 bis 30 Minuten)

1. Einstieg
Ankommen – Vorstellen – Hinführen
Nach der Begrüßung und dem Vorstellen des geplanten Verlaufs stellen sich die Teilnehmer/innen einander vor.
Anschließend werden alle eingeladen, im Raum abwechselnd umherzugehen und wieder stehen zu bleiben und dabei sich selbst bewusst wahrzunehmen und den Boden unter den Füßen zu spüren. Wer möchte, darf die Schuhe ausziehen.

2. Brainstorming: Berufung
In kleinen Gruppen zu viert oder fünft sollen die Teilnehmer/innen auf einem DIN-A2- oder A1-Blatt zum Begriff »Berufung« in groß geschriebenen Stichworten alles notieren, was ihnen dazu einfällt.
Anschließend werden die Plakate im Plenum in die Mitte gelegt, sodass alle die gesammelten Stichworte der anderen Gruppen nachlesen können.

3. Arbeiten mit dem Bibeltext
a) Bibeltext vortragen: Ex 3,1-4,17 (M 1)

b) Biblische Aussagen verstärken
Die ausgewählten Bibelworte (M 2) aus dem Bibeltext werden vorgetragen und im Raum (an den Wänden) verteilt, wobei das letzte Wort – der Name Jahwes (Ex 3,14) – in die Mitte gelegt wird.

c) Positionieren und austauschen

Anschließend sind die Teilnehmer/innen eingeladen, sich zu einem Wort zu stellen, das sie besonders anspricht und sich an Ort und Stelle mit denen darüber auszutauschen, die ebenfalls dieses Wort ausgesucht haben. Sollte jemand ohne ein Gegenüber sein, so kann er/sie sich mit dem gewählten Wort einer anderen Gruppe anschließen.

4. Einzelbesinnung: Wozu bin ich berufen?

Die Teilnehmer/innen erhalten folgende Impulsfragen zur Einzelbesinnung, zu denen sie sich Notizen machen können:

- Wozu hat Gott mich bereits in meinem Leben berufen?
- Welchen Sinn habe ich bisher schon erfahren dürfen?
- Wo habe ich Gottes Nähe erfahren?
- Wo habe ich mich von Gott alleine gelassen gefühlt?
- Mein Berufen-Sein – erwarte ich noch etwas von Gott? Steht noch etwas aus?

5. Austausch zu zweit

Jeder findet eine(n) Partner/in zum Austausch über die Frage nach der eigenen Berufung.

6. Gebetseinheit

Mögliche Elemente

Lieder:

- Ich bin bei euch (Troubadour Nr. 926)
- When Israel was (Troubadour Nr. 1007)
- Ich bin der Ich – bin – da (Troubadour Nr. 41)
- Du bist der Ich – bin – da (Troubadour Nr. 842)
- Der Herr wird nicht fragen (Troubadour Nr. 758)
- Mir nach, spricht Christus, unser Held (Gotteslob Nr. 616)
- Alles meinem Gott zu Ehren (Gotteslob Nr. 615)

Meditationstext: Du bist da (M 3)

Litanei von der Gegenwart Gottes (Gotteslob Nr. 764)

Stille/Musik

Lobpreis, Dank, Fürbitten

Text: Gott sagt (M 4)

Vaterunser

Segensbitte/Segen

7. Auswertung
In der abschließenden Blitzlichtrunde sind die Teilnehmer/innen eingeladen, »die Früchte des Tages zu ernten«:
- Was hat mir heute gut getan?
- Was ist mir bewusst geworden?
- Wie gehe ich nach Hause?

Materialien und Medien

 M 1

Bibeltext: Ex 3,1-15

1 Mose weidete die Schafe und Ziegen seines Schwiegervaters Jitro, des Priesters von Midian. Eines Tages trieb er das Vieh über die Steppe hinaus und kam zum Gottesberg Horeb.

2 Dort erschien ihm der Engel des Herrn in einer Flamme, die aus einem Dornbusch emporschlug. Er schaute hin: Da brannte der Dornbusch und verbrannte doch nicht.

3 Mose sagte: Ich will dorthin gehen und mir die außergewöhnliche Erscheinung ansehen. Warum verbrennt denn der Dornbusch nicht?

4 Als der Herr sah, dass Mose näher kam, um sich das anzusehen, rief Gott ihm aus dem Dornbusch zu: Mose, Mose! Er antwortete: Hier bin ich.

5 Der Herr sagte: Komm nicht näher heran! Leg deine Schuhe ab; denn der Ort, wo du stehst, ist heiliger Boden.

6 Dann fuhr er fort: Ich bin der Gott deines Vaters, der Gott Abrahams, der Gott Isaaks und der Gott Jakobs. Da verhüllte Mose sein Gesicht; denn er fürchtete sich, Gott anzuschauen.

7 Der Herr sprach: Ich habe das Elend meines Volkes in Ägypten gesehen und ihre laute Klage über ihre Antreiber habe ich gehört. Ich kenne ihr Leid.

8 Ich bin herabgestiegen, um sie der Hand der Ägypter zu entreißen und aus jenem Land hinaufzuführen in ein schönes, weites Land, in ein Land, in dem Milch und Honig fließen, in das Gebiet der Kanaaniter, Hetiter, Amoriter, Perisiter, Hiwiter und Jebusiter.

9 Jetzt ist die laute Klage der Israeliten zu mir gedrungen und ich habe auch gesehen, wie die Ägypter sie unterdrücken.

10 Und jetzt geh! Ich sende dich zum Pharao. Führe mein Volk, die Israeliten, aus Ägypten heraus!

11 Mose antwortete Gott: Wer bin ich, dass ich zum Pharao gehen und die Israeliten aus Ägypten herausführen könnte?

12 Gott aber sagte: Ich bin mit dir; ich habe dich gesandt und als Zeichen dafür soll dir dienen: Wenn du das Volk aus Ägypten herausgeführt hast, werdet ihr Gott an diesem Berg verehren.

13 Da sagte Mose zu Gott: Gut, ich werde also zu den Israeliten kommen und ihnen sagen: Der Gott eurer Väter hat mich zu euch gesandt. Da werden sie mich fragen: Wie heißt er? Was soll ich ihnen darauf sagen?

14 Da antwortete Gott dem Mose: Ich bin der »Ich-bin-da«. Und er fuhr fort: So sollst du zu den Israeliten sagen: Der »Ich-bin-da« hat mich zu euch gesandt.

15 Weiter sprach Gott zu Mose: So sag zu den Israeliten: Jahwe, der Gott eurer Väter, der Gott Abrahams, der Gott Isaaks und der Gott Jakobs, hat mich zu euch gesandt. Das ist mein Name für immer und so wird man mich nennen in allen Generationen.

M 2

Ausgewählte Bibelworte
Mose, Mose!
Er antwortete: Hier bin ich. (Ex 3,4)

Der Ort, wo du stehst, ist heiliger Boden. (Ex 3,5)

Ich habe das Elend meines Volkes gesehen und ihre laute Klage habe ich gehört. Ich kenne ihr Leid. (Ex 3,7)

Ich bin herabgestiegen, um sie ... hinauszuführen in ein schönes, weites Land, in ein Land, wo Milch und Honig fließen. (Ex 3,8)

Und jetzt geh! Ich sende dich. Führe mein Volk aus Ägypten heraus. (Ex 3,10)

Wer bin ich, dass ich die Israeliten herausführen könnte? (Ex 3,11)

Aber bitte, Herr, schick doch einen anderen. (Ex 4,13)

Ich bin der »Ich bin da« (Ex 3,14)

M 3

Du bist da

Du bist da. Ich bin da.
Heiliger Boden. Ort der Begegnung.
Ort der Ruhe.
Ich finde dich – in mir.

Heiliger Boden in mir.
Du bist da.
Ich finde mich – in dir.

Ganz da, ganz bei mir sein –
Angekommen. Zuhause.
Ausruhen. Kraft schöpfen.
Seelenfrieden.

Wo ich ganz bei mir bin,
holst du mich ab.
»Ich bin da.«

Und meine Ängste, meine Verletzlichkeit,
die Last auf meinen Schultern?
»Ich bin da.«

Und die Welt – ihre Last, das Leid,
die Flut,
die, die nein sagen,
die, die fremd bleiben?
»Ich bin da.«

Wenn ich verliere:
die Heimat, die Sicherheit, die Freunde?
»Ich bin da.«
Wenn ich mich verliere:
in die Einsamkeit, in die Verlassenheit?
»Ich bin da.«

Du bist da und bleibst
bis die Wunden heilen,
Trauer ihre Zeit erfüllt hat,
Versöhnung mir Frieden schenkt.

Du wartest
bis ich aufschaue,
mich aufrichte
und mich wieder traue –
dir Gott und dem Leben wieder traue.
Hier bin ich!

Petra Stadtfeld

M 4

Gott sagt

Gott sagt: In das Dunkel deiner Vergangenheit
und in das Ungewisse deiner Zukunft,
in den Segen deines Helfens und in das Elend
deiner Ohnmacht lege ich meine Zusage:
ICH BIN DA.

In das Spiel deiner Gefühle und in den Ernst
deiner Gedanken,
in den Reichtum deines Schweigens und in die
Armut deiner Sprache lege ich meine Zusage:
ICH BIN DA.

In die Fülle deiner Aufgaben und in die Leere
deiner Geschäftigkeit,
in die Vielzahl deiner Fähigkeiten und in die
Grenzen deiner Begabung lege ich meine Zusage:
ICH BIN DA.

In das Gelingen deiner Gespräche und in die
Langeweile deines Betens,
in die Freude deines Erfolgs und in den Schmerz
deines Versagens lege ich meine Zusage:
ICH BIN DA.

In die Enge deines Alltags und in die Weite
deiner Träume,
in die Schwäche deines Verstandes und in die
Kräfte deines Herzens lege ich meine Zusage:
ICH BIN DA.

Verfasser unbekannt

M 5

Du bist du

In einer chassidischen Geschichte erzählt Rabbi Sussja:
In der kommenden Welt wird man mich nicht fragen: »Warum bist du nicht
Mose gewesen?« Man wird mich fragen: »Warum bist du nicht Sussja
gewesen?« Man wird mich nicht fragen: »Warum hast du nicht das Maß
erreicht, das der größte und gewaltigste Glaubende unserer Religion gesetzt hat?« Sondern man wird mich fragen: »Warum hast du nicht das Maß
erfüllt, das Gott dir ganz persönlich gesetzt hat? Warum bist du nicht das
geworden, was du eigentlich hättest werden sollen?«

Weitere Module

»Wenn nun aber Gott ruft ...« (ca. 30 bis 40 Minuten)
Die Teilnehmer/innen sind eingeladen, den Satz: »Wenn nun aber Gott ruft, ...« mehrmals zu Ende zu schreiben.
Anschließend findet in kleinen Gruppen zu dritt oder zu viert ein Austausch über die Inhalte statt.

Geschichte: Du bist Du (ca. 30 Minuten)
Die Teilnehmer/innen lassen die Geschichte (M 5) in einer kurzen Zeit der Stille oder mit Musik untermalt auf sich wirken.
Anschließend tauschen sich die Teilnehmer/innen zu zweit aus über das, was die Geschichte in ihnen auslöst.

Mandala malen (ca. 90 Minuten)
Die Teilnehmer/innen werden eingeladen, sich dem Thema Berufung über das Malen eines Mandalas anzunähern:
Verschiedene Mandala-Darstellungen (s. Literaturhinweise) liegen aus.
Die Teilnehmer/innen wählen eines aus, das sie besonders anspricht.
In einer Zeit der Einzelbesinnung lassen sie das Mandala auf sich wirken und malen es anschließend aus. (ca. 45 Minuten)
Wer möchte, sucht sich eine/n Gesprächspartner/in zum Austausch über das Erleben dieser Übung und die Gedanken/Gefühle zum Berufen-Sein. (ca. 30 bis 45 Minuten)

Mit Jesus Christus im Alltag leben

Gedanken zum Thema

Jeder Mensch ist von Gott in eine personale Beziehung hineingerufen. Wer den Glauben lebt, kennt die Sehnsucht nach einer lebendigen Gottesbeziehung, die zugleich Ursprung und Ziel christlicher Existenz ist. Sie ist Mitte und Quelle für die Entfaltung einer gläubigen Persönlichkeit und die Basis für ein Leben mit Gott.

In Jesus Christus ist Gott Mensch geworden, um den Menschen nahe zu sein und ihnen beizustehen in ihrem Alltag. Als unser Herr und Bruder nimmt er Anteil an unserem Leben, das er erfüllen möchte mit seiner Liebe und seinem Frieden.
Jesus bietet uns seine Freundschaft an. Wer diese Freundschaft annimmt und sich auf eine persönliche Beziehung mit ihm einlässt, sagt Ja zu einem Leben mit Gott.

Mit Jesus Christus im Alltag leben, bedeutet, Christus teilhaben zu lassen an meinem Leben und so zu erfahren, dass ich weder in den Höhen noch in den Tiefen des Lebens alleine bin.
Mit Jesus Christus im Alltag leben, bedeutet auch, mein Denken und Handeln auszurichten nach dem Leben und der Weisung Jesu.

In dieser Einheit haben die Teilnehmer/innen Gelegenheit, auf die Entwicklung ihrer persönlichen Gottes- bzw. Christusbeziehung zu schauen und sich die liebende Gegenwart Gottes in ihrem Alltag erneut zusprechen zu lassen.

Ziele

Die Teilnehmer/innen sollen erkennen, in welcher Beziehung sie zu Jesus Christus stehen und sich der Gegenwart Gottes in ihrem Alltag bewusst werden.

Gestaltung der Mitte

Auf bunten Tüchern steht eine brennende Kerze, rechts und links davon liegen die Bibel und eine Wanduhr.

Möglicher Verlauf (ca. 4 Stunden)

1. Einstieg (ca. 40 bis 45 Minuten)
2. Zeitkuchen (ca. 30 Minuten)
3. Austausch in Murmelgruppen (ca. 45 Minuten)
4. Einzelbesinnung mit einem Jesus-Wort (ca. 30 Minuten)
5. Austausch in zwei Gruppen (ca. 45 Minuten)
6. Gebetseinheit (ca. 30 Minuten)
7. Auswertung (ca. 30 Minuten)

1. Einstieg

Ankommen – Vorstellen – Hinführen

Nach der Begrüßung und der Vorstellungsrunde sind die Teilnehmer/innen eingeladen, sich dem Rhythmus ihres Atems zu überlassen ohne ihn zu verändern.

Nach einer Weile kann der Atemrhythmus mit dem Namen »Jesus Christus« verbunden werden: beim Einatmen – »Jesus«, beim Ausatmen – »Christus« (Jesus-Christus-Atemgebet).

Gedanken, die ablenken, werden beim Ausatmen losgelassen.

Die Wiederholung des Namens Jesu im Rhythmus des Atems führt zur Ruhe und Sammlung und in die bewusste Gegenwart vor Gott.

Mit dem Lied »Meine Hoffnung und meine Freude« (Troubadour Nr. 374) kann das Jesus-Christus-Atemgebet abgeschlossen werden.

2. Zeitkuchen

Diese Übung will den Teilnehmenden einen Überblick geben über ihre Zeiteinteilung in den verschiedenen Lebensbereichen ihres Alltags.

a) Jeder erhält ein DIN-A2-Blatt. In Einzelarbeit soll darauf ein Kreis als Symbol für einen Kuchen gezeichnet werden. Die verschiedenen Lebensbereiche werden entsprechend ihres Zeitaufwands darin eingeteilt (wie die Stücke eines Kuchens).

- ◆ Zeit mit anderen Menschen (Familie, Freunde, Kollegen usw.)
- ◆ Zeit für Arbeit und Leistung (Beruf, Haushalt, Ehrenamt usw.)
- ◆ Zeit für mich selbst (Kultur, Bildung, Körper, Erholung, Hobby usw.)
- ◆ Zeit für geistliches Leben (Gott, Gebet, Glaubensfragen, Gottesdienst, Bibel lesen usw.)

b) In einem zweiten Schritt soll der Zeitkuchen ausgemalt und bewertet werden im Hinblick auf Kraft, Energie und Erfüllung mit einer Werteskala von 1 bis 5.

3. Austausch in Murmelgruppen

In kleinen Gruppen können die Teilnehmer/innen über ihren Zeitkuchen miteinander ins Gespräch kommen:

* Was fällt mir auf?
* Welches Gefühl stellt sich bei mir ein?
* Wo erfahre ich Gott in meinem Alltag?
* Würde ich gerne etwas ändern?

4. Einzelbesinnung mit einem Jesus – Wort

Nachdem die Teilnehmer/innen auf die Zeiteinteilung ihres Alltags geschaut haben, sind sie nun eingeladen, sich eines der ausliegenden Worte Jesu (M 1) auszuwählen, das sie jetzt anspricht und damit in die Stille zu gehen. Zu folgenden Fragen können sich die Teilnehmer/innen Notizen machen:

* Was spricht mich an?
* Was sagt dieses Wort über meine Beziehung zu Christus?
* Was sagt dieses Wort über die Beziehung von Christus zu mir?

5. Austausch in Gruppen

In zwei Gruppen besteht die Möglichkeit zum Austausch über die Fragen der Einzelbesinnung.

6. Gebetseinheit

Mögliche Elemente

Lieder:

* Wo zwei oder drei (Troubadour Nr. 95)
* Eines Tages kam einer (Troubadour Nr. 57)
* Meine Zeit steht in deinen Händen (Troubadour Nr. 759)
* Jesus, ich glaube (Troubadour Nr. 62)

Gebet: Herr, Jesus Christus (M 2)

Meditation über die Nähe Gottes – Ich bin bei dir (M 3)
Jeder erhält den gesamten Text, der abschnittsweise von den Teilnehmer/
innen vorgetragen werden kann, mit einer kurzen Stille zwischen den einzelnen Abschnitten.

Musik

Biblische Lesung: Vom leichten Joch (Mt 11,28-30)

Stille

Lobpreis, Dank, Fürbitte

Vaterunser

Segensbitte/Segen

7. Auswertung

In einer Blitzlichtrunde haben die Teilnehmer/innen Gelegenheit, die Erfahrungen des Tages für sich auszuwerten. Dazu können folgende Fragen
hilfreich sein:

- Wie geht es mir am Ende dieses Tages?
- Was ist mir bewusst geworden?
- Gibt es etwas, worauf ich in nächster Zeit achten möchte?

Materialien und Medien

M 1

Worte Jesu
Die Auswahl der Bibelworte sollte auf etwa zehn begrenzt werden.

Kehrt um! Denn das Himmelreich ist nahe. (Mt 3,2)

Sammelt euch nicht Schätze hier auf der Erde, wo Motte und Wurm sie zerstören ..., sondern sammelt euch Schätze im Himmel, wo weder Motte noch Wurm sie zerstören. Denn wo dein Schatz ist, da ist auch dein Herz. (Mt 6,19-21)

Alles, was ihr also von den anderen erwartet, das tut auch ihnen. (Mt 7,12)

Denkt nicht, ich sei gekommen, um Frieden auf die Erde zu bringen. Ich bin nicht gekommen, um Frieden zu bringen, sondern das Schwert. (Mt 10,34)

Kommt alle zu mir, die ihr euch plagt und schwere Lasten zu tragen habt. Ich werde euch Ruhe verschaffen. (Mt 11,28)

Wer den Willen meines himmlischen Vaters erfüllt, der ist für mich Bruder und Schwester und Mutter. (Mt 12,50)

Nirgends hat ein Prophet so wenig Ansehen wie in seiner Heimat und in seiner Familie. (Mt, 13,57)

Wer mein Jünger sein will, der verleugne sich selbst, nehme sein Kreuz auf sich und folge mir nach. Denn wer sein Leben retten will, wird es verlieren; wer aber sein Leben um meinetwillen verliert, wird es gewinnen. (Mt 16,24 f)

Wenn ihr nicht umkehrt und wie die Kinder werdet, könnt ihr nicht in das Himmelreich kommen. (Mt 18,3)

So gebt dem Kaiser, was dem Kaiser gehört, und Gott, was Gott gehört. (Mt 22,21)

Seid also wachsam! Denn ihr wisst nicht, an welchem Tag euer Herr kommt. (Mt 24,42)

Seid gewiss: Ich bin bei euch alle Tage bis zum Ende der Welt. (Mt 28,20)

Wer mein Wort hört und dem glaubt, der mich gesandt hat, hat das ewige Leben; er kommt nicht ins Gericht, sondern ist aus dem Tod ins Leben hinübergegangen. (Joh 5,24)

Ich bin gekommen, damit sie das Leben haben und es in Fülle haben. (Joh 10,10)

Ich bin die Auferstehung und das Leben. Wer an mich glaubt, wird leben, auch wenn er stirbt, und jeder, der lebt und an mich glaubt, wird auf ewig nicht sterben. (Joh 11,25)

Ein neues Gebot gebe ich euch: Liebt einander! Wie ich euch geliebt habe, so sollt auch ihr einander lieben. (Joh 13,34)

Euer Herz lasse sich nicht verwirren. Glaubt an Gott und glaubt an mich! Im Haus meines Vaters gibt es viele Wohnungen. Wenn es nicht so wäre, hätte ich euch dann gesagt: Ich gehe, um einen Platz für euch vorzubereiten. (Joh 14,1 f)

Ich bin der Weg, die Wahrheit und das Leben; niemand kommt zum Vater außer durch mich. (Joh 14,6)

Frieden hinterlasse ich euch, meinen Frieden gebe ich euch; nicht einen Frieden, wie die Welt ihn gibt, gebe ich euch. Euer Herz beunruhige sich nicht und verzage nicht. (Joh 14,27)

Nicht ihr habt mich erwählt, sondern ich habe euch erwählt und dazu bestimmt, dass ihr euch aufmacht und Frucht bringt und dass eure Frucht bleibt. Dann wird euch der Vater alles geben, um was ihr ihn in meinem Namen bittet. (Joh 15,16)

Dies habe ich zu euch gesagt, damit ihr in mir Frieden habt. In der Welt seid ihr in Bedrängnis; aber habt Mut: Ich habe die Welt besiegt. (Joh 16,33)

M 2

Herr, Jesus Christus,
du hast uns deine Nähe zugesagt.
Du bist bei uns an jedem Tag unseres Lebens,
in jeder Stunde unseres Alltags,
in jedem Augenblick.
Du lässt dich finden.
Du kommst uns entgegen – und wartest auf unser Ja.

Stärke unser Vertrauen in deine fürsorgende Liebe,
dass wir hoffnungsvoll den Weg weitergehen und
uns zuversichtlich den Aufgaben stellen, die das Leben für uns bereithält.
Sei du unsere Mitte, die Quelle unserer Freude.
Behüte und beschütze uns und gib deinen Segen zu allem Tun.

Petra Stadtfeld

M 3

Meditation über die Nähe Gottes – Ich bin bei dir
Ich war, bevor du warst.
Ich war, als du wurdest.
Ich habe dich gewollt.
Ich bin bei dir, seit du bist.

Ich schenkte dir die Fülle meiner Kraft.
Ich hauchte dir meinen Geist ein.
Ich umhüllte dich mit dem Mantel meiner Liebe.
Ich gab dir alles, was zum Leben notwendig ist.
Ich bin dir Weg und Licht.

Ich bin bei dir, seit du fühlst und empfindest.
Ich bin bei dir, seit du dich bewegen kannst.
Ich bin bei dir, seit du hörst und sprichst.
Ich bin bei dir, seit du lachst.
Ich bin bei dir und sorge für dich.

Ich bin bei dir, wenn du allein bist.
Ich bin bei dir, wenn keiner mit dir spricht und dir zuhört.
Ich bin bei dir, wenn du Platzangst bekommst.
Ich bin bei dir, wenn dich Ängste quälen.
Ich bin bei dir und schütze dich.

Ich bin bei dir, wenn Zweifel dich zermürben.
Ich bin bei dir, wenn du traurig bist und weinst.
Ich bin bei dir, wenn du dich einsam fühlst.
Ich bin bei dir, wenn alle dich verlassen haben.
Ich bin bei dir und tröste dich.

Ich bin bei dir, wenn Kummer dich drückt.
Ich bin bei dir, wenn du krank bist und Schmerzen dich plagen.
Ich bin bei dir, wenn es dunkel um dich wird.
Ich bin bei dir, wenn du blind oder gebrechlich bist.
Ich bin bei dir, schenke dir Heilung, Licht und Halt.

Ich bin bei dir, wenn Sorgen dir zusetzen.
Ich bin bei dir, wenn Not in deinem Hause wohnt.
Ich bin bei dir, wenn du vor dir und deinen Problemen fliehst.
Ich bin bei dir, bin dir Rat und Stärke und biete dir Zuflucht.

Ich bin bei dir, wenn es dich friert.
Ich bin bei dir und wärme dich mit der Glut meiner Liebe.
Ich bin bei dir, wenn es dich hungert und dürstet.
Ich bin bei dir, gebe dir Speise und stille deinen Durst.
Ich bin bei dir, wenn du strauchelst oder stürzt.
Ich bin bei dir und fange dich auf.

Ich bin bei dir, wenn du gefangen bist und gefoltert wirst.
Ich bin bei dir, mache dich frei und lindere deine Schmerzen.
Ich bin bei dir, wenn man dir Unrecht zufügt.
Ich bin bei dir und verschaffe dir Recht.

Ich bin bei dir an jedem neuen Morgen.
Ich bin bei dir an jedem deiner Tage.
Ich bin bei dir, wenn du dich freust und glücklich bist.

Ich bin bei dir an jedem Abend, in jeder Nacht.
Ich bin bei dir, wenn du in wachen Nächten mich anrufst.
Ich bin bei dir, wenn du Ruhe und Frieden suchst.
Ich bin bei dir und wache alle Zeit über dich.

Ich bin bei dir in jeder Not.
Ich bin bei dir in deinem Tod.
Ich bin bei dir, wenn du vor mir stehst.
Ich bin bei dir und halte dich.
Ich erwarte dich und bereite dir eine Wohnung.

Ich, dein Gott, dein Schöpfer, dein Vater,
bin also immer um dich und behüte dich;
ich sorge mich um dich,
wie ein Vater sich sorgt um sein Kind.
Ich, der ewige Gott, werde immer für dich da sein.
Ich, der ewige Gott, bin ewig bei dir.

Heinz Pangels

Weitere Module

Brief schreiben (ca. 45 bis 60 Minuten)
Die Teilnehmer/innen sind eingeladen, einen Brief an Jesus zu schreiben mit der Überschrift: Was ich dir schon immer mal sagen wollte.
Der Brief kann anschließend in einem Briefumschlag verschlossen werden und als Gabe in der Gebetseinheit in die Mitte in ein Körbchen gelegt werden. Am Ende des Tages können die Teilnehmer/innen ihn mit nach Hause nehmen.

Schreibmeditation (ca. 45 bis 60 Minuten)
Die Teilnehmer/innen sind eingeladen, »Jesus Christus, meine Mitte« immer wieder aufzuschreiben – hintereinander das Blatt damit zu füllen und dabei die Gedanken fließen zu lassen, die sich während des Schreibens einstellen.
Wenn keine eigenen Gedanken mehr kommen, dann wieder die Worte schreiben: »Jesus Christus, meine Mitte« bis Eigenes wieder einfließen will.
Anschließend wäre ein Austausch über die gemachte Erfahrung in kleineren Gruppen oder zu zweit möglich und sinnvoll.

Ich höre auf die Stille

Gedanken zum Thema

Viele Menschen erleben ihren Alltag hektisch und fühlen sich nicht selten gestresst und ausgelaugt. Geistliche Zeiten wollen zunächst einmal in die Ruhe führen, damit der Mensch bei sich selber ankommen kann. Wahrnehmen und sein lassen, was ist, still werden und hören – damit Gott zu Wort kommen kann.

Manchen wird es vielleicht schwer fallen, die Stille auszuhalten und im Schweigen bei sich selbst zu bleiben. Nicht selten wird in der Ruhe zunächst einmal die innere Unruhe größer und im Hören auf das Leise, die Gedanken immer lauter. Aber bereits diese Erfahrung kann ein wichtiger Schritt sein in der Umkehr, der Hinwendung zu sich selbst und in die Nähe Gottes. Auch hier gilt: kein Leistungsdruck, sondern sehen, wie ich bin und zulassen, was ist.

Ziele

Die Teilnehmer/innen sollen Stille erleben, zur Ruhe kommen und sich im Hören üben.

Gestaltung der Mitte

In der Mitte steht auf bunten Tüchern eine große leere Schale.

Möglicher Verlauf (ca. 4,5 Stunden)

1. Einstieg (ca. 30 Minuten)
2. Bildbetrachtung »Der Hörende« (ca. 15 Minuten)
3. Austausch über ein Wort zum Thema »Schweigen« (ca. 40 bis 50 Minuten)
4. Stumme Stücke (20 Minuten)
5. Stummes Schreibgespräch (ca. 30 bis 40 Minuten)
6. Einzelbesinnung (ca. 45 Minuten)
7. Gebetseinheit (ca. 30 Minuten)
8. Auswertung (ca. 20 Minuten)

1. Einstieg
Ankommen – Vorstellen – Hinführen

- Begrüßung der Teilnehmer/innen
- Vorstellen des Themas und des geplanten Verlaufs
- Vorstellungsrunde: Die Teilnehmer/innen sind eingeladen, neben ihrer Person auch ihre Erfahrungen mit gesuchter Stille vorzustellen.
- Gebet: Mein Gebet (M 1)

2. Bildbetrachtung: Der Hörende (M 2)

Jede Teilnehmerin bzw. jeder Teilnehmer bekommt ein separates Bild. Wenn jeder das Bild vor sich hat, sind die Details besser zu erkennen. Das Format kann von der Größe einer Postkarte bis Din A4 gehen. Anschließend können die Teilnehmer/innen das Bild mit nach Hause nehmen.
Bildbetrachtung in drei Schritten:

- Ich sehe ...
- Ich fühle ...
- Ich frage mich ...

3. Austausch über ein Wort zum Thema »Schweigen«

Aus einer Anzahl ausliegender Zitate und Sprichwörter zum Thema »Schweigen« (M 3) wählen die Teilnehmer/innen ein oder zwei Wörter aus, die sie besonders ansprechen und tauschen sich darüber in zwei Gruppen aus.

4. Stumme Stücke

»Musik wird oft nicht schön gefunden, weil sie stets mit Geräusch verbunden«, hat schon Wilhelm Busch gekalauert. Doch was es bedeutet, wenn man diesen Scherz für 4 Minuten und 33 Sekunden ernst nimmt, weiß die Musikwelt seit dem 19. August 1952. Damals setzte sich der Pianist David Tudor in Harvard an ein Klavier und tat 273 Sekunden lang: nichts. Und die Zuhörer hörten: nichts. Zumindest nichts, was man im klassischen Sinn für Musik halten würde, von wegen Dur oder Moll, Melodie, Rhythmus und so. Dafür hörten sie alles, was in einem Konzertsaal passiert, wenn dort sonst nichts passiert.
John Cages »4,33«, ein Stück in drei Sätzen mit je einem Pausenzeichen in den Noten, ist eines der radikalsten Meisterwerke der Moderne, denn hier

wird der Sound der Stille als Kunst verstanden und zugelassen. Enorm praktisch an »4,33« ist, dass es in vielen Varianten aufführbar ist: Man kann es auf der Blockflöte spielen oder auf einer Ukulele, und falls kein Instrument zur Hand ist, kann man es auch auf einem Regenschirm nicht spielen ...

Jeder kann mit Cage zum Künstler werden. Einfach viereinhalb Minuten nichts sagen. Nichts spielen. Nur sein. Der Rest findet sich ... *(Joachim Mischke)*

Nachdem der Text vorgelesen wurde, sind die Teilnehmer/innen eingeladen, miteinander 4 Minuten und 33 Sekunden im Schweigen zu verbringen.

Anschließend ist Gelegenheit, eine kurze Rückmeldung auf diese Erfahrung hin zu geben.

5. Stummes Schreibgespräch

Die Teilnehmer/innen sind eingeladen, über das Schreiben miteinander ins Gespräch zu kommen. In kleinen Gruppen liegt vor drei oder vier Personen ein DIN-A2- oder DIN-A1-Blatt, in dessen Mitte das chinesische Sprichwort steht: »Wenn du ein Herz hast, dann wirf dein Ohr weg«.

Die Kommunikation geht über das geschriebene Wort. Es wird während dieser Zeit nicht miteinander gesprochen. Die Teilnehmer/innen äußern sich schriftlich zu dem Sprichwort. Alle bekommen Gelegenheit, das Geschriebene zu lesen und wiederum schriftlich darauf zu reagieren. Die Beiträge sollen nacheinander und nicht gleichzeitig erfolgen, damit jeder jeden Beitrag lesen kann und so ein gruppendynamischer Prozess in Gang kommen kann. Es geht nicht darum, dass jeder seine eigenen Gedanken vor sich hin schreibt. Es soll wie in einem verbalen Gespräch auf das Gesagte Bezug genommen werden.

6. Einzelbesinnung

Schließlich bekommen die Teilnehmer/innen die Gelegenheit, in die Stille zu gehen – ohne Text oder Impuls. Sie sind eingeladen, bei einem Spaziergang die Natur mit allen Sinnen so gut wie möglich wahrzunehmen.

In der Gebetseinheit können die Erfahrungen mit der Natur im Lobpreis einfließen.

7. Gebetseinheit

Mögliche Elemente

Lieder:

- ◆ Zeit für Ruhe (Troubadour Nr. 848)
- ◆ Schweige und höre (Troubadour Nr. 164)
- ◆ Gib mir die richtigen Worte (Troubadour Nr. 760)
- ◆ Stille Stunden (Troubadour Nr. 886)
- ◆ Meine Zeit (Troubadour Nr. 759)
- ◆ Worauf sollen wir hören? (Gotteslob Nr. 623)

Ruhige Instrumentalmusik

Biblische Lesung: Vom leichten Joch (Mt 11,28-30)

Zeit für das stille, persönliche Gebet

Lobpreis Gottes und Dank:
Die Teilnehmer/innen sind eingeladen, Lobpreis, Dank oder Bitte auf einen Zettel zu schreiben und diesen schweigend in die Schale in der Mitte zu legen.

Vaterunser

Segensgebet: Stille (M 4)

Segensbitte/Segen

8. Auswertung

Mögliche Fragen zur Reflexion des Tages:

- ◆ Was habe ich wahrgenommen?
- ◆ Wie habe ich mich erlebt?

Materialien und Medien

M 1

Mein Gebet
Als mein Gebet
immer andächtiger und innerlicher wurde,
da hatte ich immer weniger und weniger zu sagen.
Zuletzt wurde ich ganz still.

Ich wurde,
was womöglich noch ein größerer Gegensatz
zum Reden ist,
ich wurde ein Hörer.

Ich meinte erst, Beten sei Reden.
Ich lernte aber,
dass Beten nicht bloß Schweigen ist,
sondern Hören.

So ist es:
Beten heißt nicht sich selbst reden hören.
Beten heißt:
Still werden und still sein und warten,
bis der Betende Gott hört.

Sören Kierkegaard

M 2

Skulptur von Toni Zenz: Der Hörende
Die Skulptur selbst ist zu finden in der Pax-Christi-Kirche in Essen. Kunst-postkarten, Farbdia oder Poster können bei der Pax-Christi-Kirche (St. Albertus Magnus 45, 45136 Essen, Telefon: 0201/5 14 69 86) oder bei der Kath. Gemeinde St. Laurentius (Laurentiusweg 3, 45276 Essen, Telefon: 0201/51 05 76) bestellt werden.

M3

Zitate und Sprichwörter zum Thema »Schweigen«

Ich habe oft mein Reden, aber nie mein Schweigen bereut.
Publius Syrus

Es ist besser für uns, wenn unser Leben spricht, nicht unsere Worte.
Mahatma Ghandi

Selig, wer nichts zu sagen hat und trotzdem schweigt.
Verfasser unbekannt

Nimmt die Weisheit zu, werden die Worte weniger.
Aus Arabien

Wo Worte selten, haben sie Gewicht.
William Shakespeare

Schäme dich nicht zu schweigen, wenn du nichts zu sagen hast.
Russisches Sprichwort

Niemand ist weiter von der Wahrheit entfernt als derjenige, der alle Antworten weiß.
Chuang Tsu

Im Schweigen sehen wir alles in einem anderen Licht. Wer schweigen lernt, wird andere Menschen innerlich anrühren.
Mutter Teresa

Schweigen ist heilige Nutzlosigkeit in einer verzweckten Welt.
Max Picard

Mühe dich nicht zu schweigen, höre lieber zu.
Madeleine Delbrel

Wenn man einmal weiß, worauf es ankommt, hört man auf, gesprächig zu sein.
J. W. Goethe

Das Beste ist die tiefe Stille, in der ich gegen die Welt lebe, wachse und gewinne.
J. W. Goethe

Die große Kraft der Welt: Schweigend bei jemandem verweilen, der über seinen Schmerz nicht reden kann.
Wolfgang Bader

Sieh auf die Natur: Sie ist beständig in Aktion, steht nie still, und doch schweigt sie.
Mahatma Ghandi

Er ist ein schweigsamer Mensch. Daher höre ich ihm aufmerksam zu.
Julien Green

Schweigen ist die Sprache der Ewigkeit. Lärm geht vorüber.
Gertrud von Le Fort

Schweigen ist die unerträglichste Erwiderung.
Gilbert Keith Chesterton

Das Schweigen ist das wahre Gespräch unter Menschen, die sich gern haben. Wichtig ist nicht, was man sich sagt, sondern das, was man sich nicht sagen muss.
Albert Camus

Es ist schön, mit jemandem schweigen zu können.
Kurt Tucholsky

Wenn du stille würdest, wäre dir geholfen.
Meister Eckhart

Ja, ich bin ein Musiker. Denn ich liebe die Stille.
Herbert von Karajan

Ich will sitzen und schweigen und hören, was Gott in mir redet.
Meister Eckhart

M 4

Stille

Sei gesegnet, schwebendes Schweigen,
in dem die ganze Fülle Gottes wohnt,
um sich denen zu erschließen,
die den Weg nach Innen wagen.

Sei gesegnet, gesuchte Stille,
die wir so oft vermissen im Multilärm
unserer laut- und halbstarken
und vielfach verarmten Welt.

Sei gesegnet, heilige Ruhe,
in der alles sich sammelt und ordnet,
in der im Verborgenen das Große
in aller Stille klein anfängt und wächst.

Sei gesegnet, Erfahrung der Stille,
weil wir darin die überhörten Stimmen und Klänge
neu wahrnehmen und den tieferen Frieden
im Einklang mit dem eigenen Herzen.

Paul Weismantel

Weitere Module

Bild malen (ca. 90 Minuten)
Die Teilnehmer/innen sind eingeladen, ein Bild zu malen, das Stille,
Ruhe, Schweigen ausdrückt. Die gemalten Bilder werden zur stillen
Betrachtung für alle im Plenumsraum ausgelegt.

Spaziergang der Aufmerksamkeit (ca. 60 Minuten)
Die Teilnehmer/innen sind eingeladen, alleine einen ausgiebigen
Spaziergang zu machen, mit bewusstem Wahrnehmen der Natur und
der Aufmerksamkeit für den Augenblick.
Wer möchte, kann etwas aus der Natur mitbringen (gedanklich oder
real), auf das er aufmerksam geworden ist.

Homo desiderium dei – Der Mensch ist die Sehnsucht Gottes. Der Mensch ist Sehnsucht nach Gott.

Gedanken zum Thema

Die Sehnsucht gehört zu den Grundkräften im Leben des Menschen. Sie gehört zum Wesen des Menschseins und hält uns lebendig. Die Sehnsucht drückt aus, was uns bewegt, was uns wichtig, was uns heilig ist.

Die Sehnsucht ist in uns hineingelegt und treibt uns voran. Um wachsen und reifen zu können, um Mensch zu werden, braucht es die Sehnsucht nach Leben, nach Liebe, nach Vertrauen. Diese Sehnsucht führt uns zu einem Mehr an Lebensqualität. Die Sehnsucht des Menschen verlangt nach mehr. Sie weist über das Irdische hinaus. Für den religiösen Menschen hat die Sehnsucht ihren Grund in Gott.

»Homo desiderium dei« ist ein Satz von Augustinus (Kirchenvater, gestorben 430 n. Chr.), der in zweifacher Weise zu übersetzen ist: Der Mensch ist die Sehnsucht Gottes. Der Mensch ist Sehnsucht nach Gott.

Gott sehnt sich nach dem Menschen, den er nach seinem Abbild geschaffen hat. Die Bibel erzählt von dieser Liebe und Sehnsucht Gottes nach dem Menschen, die in Jesus Christus, dem Sohn Gottes, seinen Höhepunkt gefunden hat.

Diese Sehnsucht Gottes hat er uns, seinen Geschöpfen, als Grundkraft des Lebens mitgegeben. Sie ist die Brücke zwischen Gott und dem Menschen. Wer dieser Sehnsucht Raum gibt, wird zu einer Gottsucherin, einem Gottsucher.

Ziele

Die Teilnehmer/innen sollen die eigene Sehnsucht wahrnehmen und nachspüren, wo ihre Kraftquelle liegt. Sie sollen sich erneut der Sehnsucht Got-

tes nach dem Menschen bewusst werden und sich Gottes Liebe zusprechen lassen.

Gestaltung der Mitte

In der Mitte sind sieben Tücher in der Form eines Regenbogens ausgelegt.
Die Farben von außen nach innen sind: Rot – Orange – Gelb – Grün – Blau –
Indigo – Purpur. Im Innenbereich des Regenbogens brennt eine Kerze.

Möglicher Verlauf (ca. 5 Stunden)

* Einstieg (ca. 30 Minuten)
* Welche Farbe hat meine Sehnsucht? (ca. 30 Minuten)
* Austausch in kleinen Gruppen (ca. 30 Minuten)
* Einzelbesinnung mit Psalm 63 (ca. 30 bis 40 Minuten)
* Austausch zu zweit (ca. 30 Minuten)
* Bibel-Teilen: Gespräch am Jakobsbrunnen, Joh 4,1-26 (ca. 50 bis 60
  Minuten)
* Gebetseinheit (ca. 30 bis 40 Minuten)
* Auswertung (ca. 30 Minuten)

1. Einstieg

Ankommen – Vorstellen – Hinführen

Nach der Begrüßung und dem Vorstellen des inhaltlichen und zeitlichen
Verlaufs sind die Teilnehmer/innen eingeladen, sich eines der ausliegenden Zitate (M 1), das sie anspricht, auszusuchen und sich damit vorzustellen.

Die Vorstellungsrunde kann in ein Gebet münden: frei formuliert oder in
den vorliegenden Gebetsvorschlag »Guter Gott« (M 2).

2. Welche Farbe hat meine Sehnsucht?

Die Teilnehmer/innen sind eingeladen, sich aus einer Vielzahl von Wachs-
malstiften eine oder mehrere Farben, die ihnen gefallen, auszuwählen. Dazu
erhalten alle ein Blatt Papier, das sie mit ihrer(n) Farbe(n) ganz ausmalen.

Auf dieses farbige Blatt sollen die Teilnehmer/innen Stichwörter notieren,
die ihnen zum Thema Sehnsucht in den Sinn kommen.

Mit dem Text »Beschütze deinen Traum« (M 3) kann die Einzelarbeit begon-
nen werden. Diese Zeit kann mit Musik untermalt werden.

3. Austausch in kleinen Gruppen

Im Anschluss tauschen sich die Teilnehmer/innen in Murmelgruppen zu dritt oder viert über ihre Erfahrungen mit der Einzelarbeit aus.

4. Einzelbesinnung mit Psalm 63,1-9 und Impulsen

In der Einzelbesinnung haben die Teilnehmer/innen Zeit, ihrer Sehnsucht weiter nachzuspüren. Psalm 63 (M 4) spricht von der Sehnsucht des Menschen nach Gott. Die Impulse zur Einzelbesinnung (M 5) sollen helfen, die Sehnsüchte konkret werden zu lassen. Dabei werden wahrscheinlich Erfahrungen unerfüllter Sehnsucht vorkommen, sowie die Lebendigkeit noch offener Lebenswünsche und Träume.

5. Austausch zu zweit

Im vertrauten Gespräch zu zweit kann offen über die Erkenntnisse aus der Einzelbesinnung gesprochen werden. Der Austausch dient vor allem dazu, von den reflektierten, persönlichen Erfahrungen zu erzählen. Allein das Aussprechen kann zu mehr Klarheit und Bewusstheit führen.

6. Bibel-Teilen: Gespräch am Jakobsbrunnen, Joh 4,1-26 (M 6)

Das Bibelgespräch in kleinen Gruppen mit höchstens sieben Personen kann wieder nach den Schritten des Bibel-Teilens stattfinden. Diese finden Sie unter »Ein Segen sollst du sein« (M 8).

7. Gebetseinheit

Mögliche Elemente

Lieder:

- Lasst uns miteinander (Troubadour Nr. 152)
- Mein Traum (Troubadour Nr. 678)
- Wenn einer alleine träumt (Troubadour Nr. 672)
- Neue Hoffnung, neues Leben (Troubadour Nr. 708)
- Herr, wenn es stimmt (Troubadour Nr. 767)

Gebet um Lebensfarben (M 7)

Biblische Lesung: Psalm 63 (M 4)
Der Psalm wird von der Leitung vorgetragen. Anschließend wird der Psalm

Vers für Vers wiederholt, wobei die Teilnehmer/innen eingeladen sind, nach jedem Vers Teile des Verses laut zu wiederholen, entweder wortgetreu oder so, wie das Herz es formt.

Regenbogen – Psalm (M 8)
Die Sehnsucht Gottes nach dem Menschen drückt sich hier in Farben aus. Nach jeder Farbe wird die Zusage Gottes (in Kursivschrift) auf das entsprechende farbige Tuch gelegt.

Musik

Vaterunser

Gebet: Irgendwann (M 9)

Segensbitte/Segen

8. Auswertung

Der Rückblick auf den Tag sollte den Teilnehmer/innen Gelegenheit geben, auf das zu schauen, was in ihnen lebendig geworden ist. Mögliche Reflexionsfragen:

* Was bewegt mich jetzt? Wie gehe ich nach Hause?
* Was hat mich heute froh gemacht? Wo spüre ich Kraft? Wo spüre ich Leben?

Materialien und Medien

M 1

Zitate zum Begriff »Sehnsucht«

Ach, wie der Mensch aus Erde gemacht ist und wieder zur Erde wird, so ist alle Schönheit aus Sehnsucht gemacht und wird wieder zu Sehnsucht. Wir jagen ihr nach, bis sie zur Sehnsucht wird.
Walter Flex, Der Wanderer zwischen beiden Welten

Alles beginnt mit der Sehnsucht.
Nelly Sachs

Denn die Sehnsucht nach dir hält mich gefangen, bis du mich aus meiner Einsamkeit erlöst.
Mönch von Salzburg, Das Nachthorn

Die Sehnsucht lässt alle Dinge blühen, der Besitz zieht alle Dinge in den Staub.
Marcel Proust

Es ist doch eigentlich der Hauptinhalt im Leben: Sehnsucht und wieder Sehnsucht.
Franziska zu Reventlow, Tagebücher

Ich danke meinem Gott, dass er mich mein ganzes Leben hindurch einen Mann (Menschen) der Sehnsucht hat sein lassen.
Johann Amos Comenius

Man hat halt oft so eine Sehnsucht in sich – aber dann kehrt man zurück mit gebrochenen Flügeln und das Leben geht weiter, als wäre man nie dabei gewesen.
Ödön von Horváth, Kasimir und Karoline

Nur wer die Sehnsucht kennt, weiß, was ich leide.
Johann Wolfgang von Goethe, Mignon

Sehnsucht und Ahnung liegen ineinander, eins treibt das andre hervor.
Bettina von Arnim, Tagebuch

Unsere Sehnsucht wird immer größer, je weniger wir sie befriedigen können.
Niccolò Machiavelli, Clizia

Wer sich nach Licht sehnt, ist nicht lichtlos. Denn die Sehnsucht ist schon Licht!
Bettina von Arnim

M 2

Gebet

Guter Gott,
wir danken dir für diesen Tag.
Wir danken dir für deine Nähe und deine Gegenwart,
die du uns heute schenken willst.

Wir bitten um deinen Geist,
der uns lebendig hält und uns den Weg zeigt.
Komm uns entgegen mit deiner Sehnsucht nach uns Menschen
und lass unsere Sehnsucht Erfüllung finden in dir.

Petra Stadtfeld

M 3

Beschütze deinen Traum

Nimm Deine Sehnsucht ernst,
sie ist Gottes Gegenwart in Dir.

Beschütze Deinen Traum,
geh sorgsam mit ihm um,
er ist erreichbar.

Sammle gerade dann Kraft,
wenn alles Wachstum erfroren scheint
und dann,
wenn die Zeit richtig ist,
brich hervor mit Deinem machtvollen Traum.

Färbe Deinen Traum bunt,
gib ihm ein Wesen;
male Dich in seine Mitte,
wo Du hingehörst.

Fühle Dich bei Dir wohl,
so wie Gott sich bei Dir
wohlfühlt.

Verfasser unbekannt

M 4

Bibeltext: Psalm 63
Sehnsucht nach Gott

1 [Ein Psalm Davids, als er in der Wüste Juda war.]

2 Gott, du mein Gott, dich suche ich,/meine Seele dürstet nach dir. Nach dir schmachtet mein Leib/wie dürres, lechzendes Land ohne Wasser.

3 Darum halte ich Ausschau nach dir im Heiligtum,/um deine Macht und Herrlichkeit zu sehen.

4 Denn deine Huld ist besser als das Leben;/darum preisen dich meine Lippen.

5 Ich will dich rühmen mein Leben lang,/in deinem Namen die Hände erheben.

6 Wie an Fett und Mark wird satt meine Seele,/mit jubelnden Lippen soll mein Mund dich preisen.

7 Ich denke an dich auf nächtlichem Lager/und sinne über dich nach, wenn ich wache.

8 Ja, du wurdest meine Hilfe;/jubeln kann ich im Schatten deiner Flügel.

9 Meine Seele hängt an dir,/deine rechte Hand hält mich fest.

M 5

Impulse zur Einzelbesinnung
- Meine Seele dürstet nach ...
- Meine Gedanken kreisen oft um ...
- Was ich noch gerne erleben möchte ...
- Was unbedingt bleiben soll ...
- Wo ich ganz bei mir bin und alles herum vergessen kann ...

M 6

Bibeltext: Joh 4,1-26

Das Gespräch am Jakobsbrunnen

1 Jesus erfuhr, dass die Pharisäer gehört hatten, er gewinne und taufe mehr Jünger als Johannes –

2 allerdings taufte nicht Jesus selbst, sondern seine Jünger –;

3 daraufhin verließ er Judäa und ging wieder nach Galiläa.

4 Er musste aber den Weg durch Samarien nehmen.

5 So kam er zu einem Ort in Samarien, der Sychar hieß und nahe bei dem Grundstück lag, das Jakob seinem Sohn Josef vermacht hatte.

6 Dort befand sich der Jakobsbrunnen. Jesus war müde von der Reise und setzte sich daher an den Brunnen; es war um die sechste Stunde.

7 Da kam eine samaritische Frau, um Wasser zu schöpfen. Jesus sagte zu ihr: Gib mir zu trinken!

8 Seine Jünger waren nämlich in den Ort gegangen, um etwas zum Essen zu kaufen.

9 Die samaritische Frau sagte zu ihm: Wie kannst du als Jude mich, eine Samariterin, um Wasser bitten? Die Juden verkehren nämlich nicht mit den Samaritern.

10 Jesus antwortete ihr: Wenn du wüsstest, worin die Gabe Gottes besteht und wer es ist, der zu dir sagt: Gib mir zu trinken!, dann hättest du ihn gebeten, und er hätte dir lebendiges Wasser gegeben.

11 Sie sagte zu ihm: Herr, du hast kein Schöpfgefäß, und der Brunnen ist tief; woher hast du also das lebendige Wasser?

12 Bist du etwa größer als unser Vater Jakob, der uns den Brunnen gegeben und selbst daraus getrunken hat, wie seine Söhne und seine Herden?

13 Jesus antwortete ihr: Wer von diesem Wasser trinkt, wird wieder Durst bekommen;

14 wer aber von dem Wasser trinkt, das ich ihm geben werde, wird niemals mehr Durst haben; vielmehr wird das Wasser, das ich ihm gebe, in ihm zur sprudelnden Quelle werden, deren Wasser ewiges Leben schenkt.

15 Da sagte die Frau zu ihm: Herr, gib mir dieses Wasser, damit ich keinen Durst mehr habe und nicht mehr hierher kommen muss, um Wasser zu schöpfen.

16 Er sagte zu ihr: Geh, ruf deinen Mann und komm wieder her!

17 Die Frau antwortete: Ich habe keinen Mann. Jesus sagte zu ihr: Du hast richtig gesagt: Ich habe keinen Mann.

18 Denn fünf Männer hast du gehabt und der, den du jetzt hast, ist nicht dein Mann. Damit hast du die Wahrheit gesagt.

19 Die Frau sagte zu ihm: Herr, ich sehe, dass du ein Prophet bist.

20 Unsere Väter haben auf diesem Berg Gott angebetet; ihr aber sagt, in Jerusalem sei die Stätte, wo man anbeten muss.

21 Jesus sprach zu ihr: Glaube mir, Frau, die Stunde kommt, zu der ihr weder auf diesem Berg noch in Jerusalem den Vater anbeten werdet.

22 Ihr betet an, was ihr nicht kennt, wir beten an, was wir kennen; denn das Heil kommt von den Juden.

23 Aber die Stunde kommt und sie ist schon da, zu der die wahren Beter den Vater anbeten werden im Geist und in der Wahrheit; denn so will der Vater angebetet werden.

24 Gott ist Geist und alle, die ihn anbeten, müssen im Geist und in der Wahrheit anbeten.

25 Die Frau sagte zu ihm: Ich weiß, dass der Messias kommt, das ist: der Gesalbte (Christus). Wenn er kommt, wird er uns alles verkünden.

26 Da sagte Jesus zu ihr: Ich bin es, ich, der mit dir spricht.

M 7

Gebet um Lebensfarben

Herr, in meinem Leben gibt es viel Alltagsgrau.
Ich bitte dich um Lebensfarben in mir,
damit mein Leben mit dir
und den Menschen
besser gelingen kann.

Herr, gib mir viel vom Gelb des Lichtes
für die Dunkelheiten in meiner Seele.

Herr, gib mir vom Orange der Wärme
gegen alles Unterkühlte in meinem Herzen.

Herr, gib mir vom Grün der Hoffnung
gegen Resignation und Ausweglosigkeit.

Herr, gib mir vom Rot der Liebe,
um davon wieder austeilen zu können.

Herr, gib mir vom Blau des Glaubens,
um meine Lebensentscheidungen zu leben.

Herr, gib mir vom Violett der Buße
für Wege zu Umkehr und Neuanfang.

Herr, gib mir vom Schwarz des Todes,
damit ich mich einstimme auf Abschiede.

Herr, gib mir vom Weiß des Neuen,
um für dich offen und bereit zu sein.

Herr, gib mir vom Braun der Erde
für Beständigkeit und Ausdauer.

Herr, gib mir vom kostbaren Gold,
damit ich dich als das Kostbarste ehre.

Herr, gib mir ein wenig von allen Farben,
denn buntes Leben lebt sich leichter.

Herr, zeige mir ab und zu einen Regenbogen,
damit ich weiß: Du bist ja da! Amen.

Ursula Bittner

M 8

Regenbogen – Psalm
Ohne Unterlass leuchtet mein Licht für dich. In immer neuen Farben, neuen
Akzenten spreche ich dich an und warte auf nichts sehnlicher, als dass dieses
Licht in dir widerstrahlt, dass jede Farbe der Wirklichkeit aufleuchtet in dir als
Zeichen vollen Lebens, als Bogen des Heils und der Liebe, der uns verbindet.

Ich strahle für dich im satten ROT der Liebe.
Nichts sagt mehr aus über mich als: Ich habe ein Herz für dich – ein offenes
Herz, eine Herzwunde für den Menschen.
Du bist mein Herz. Ich bin dein Herz. Du in mir. Ich in dir.
Ich bin die Liebe.

Ich strahle für dich im festen ORANGE der bedingungslos annehmenden
Liebe.
Du bist mir unendlich wertvoll, mein Augenstern – so wie du bist.
Ich bin für dich da. (Ex 3,14)

Ich strahle für dich im hellen GELB der Erhellung.
Es gibt einen Weg, die Wahrheit, das Leben für dich, speziell für dich!
Du sollst finden, wonach du suchst. *Ich gehe mit dir.* Ich bin der Weg.
(Joh 4,16) – zu dir selbst. Du sollst immer mehr eins werden mit deiner
Sehnsucht, echt und klar, identisch mit dir, mit der Wahrheit der ganzen
Schöpfung.

Ich strahle für dich im vollen GRÜN des Lebens in Fülle.
Es ist dein Leben, wie es sich schon entfaltet hat, wie es noch verborgen in dir schlummert. Es soll aufgehen, es soll wachsen. Ich bin gekommen, damit du das Leben in Fülle hast (vgl. Joh 10,10). *Ich beschütze dein Leben.*

Ich strahle für dich im durchscheinenden BLAU erlösender Liebe.
Ich heile dich. Ich heile dich von deinen Wunden. (Jer 30,17). Es bedeutet Heilung, die tiefste Kräfte in dir erschließt. Deine Wurzeln reichen tiefer, als du je erahnst. Auch im Sturm und in der Wüste geben sie dir Halt und Nahrung. Geh deinen Weg vor mir und sei ganz! (Gen 17,1)

Ich strahle für dich im tiefen INDIGO der Barmherzigkeit.
Nirgendwo bin ich dir fern, weder im Himmel, noch in der Unterwelt (Ps 139,8) deiner Schuld. Gerade in der Schuld ist meine barmherzige, aufrichtende Liebe bei dir. *Du bist frei.* Denn ich bin überall der Gleiche. Ich bin vor allem nah den zerbrochenen Herzen (Ps 34,10).

Ich strahle für dich im geheimnisvollen PURPUR.
Meine Liebeskraft bleibt ein Geheimnis – zerbrechlich, flüchtig, deshalb so wertvoll, unverfügbar und doch habhaft, faszinierend, anziehend und erschütternd, erschreckend.
Ich freue mich, um dich zu kämpfen und mit dir zu ringen (Jakob). Habe Mut, unsere Beziehung zu belasten, ihr zu vertrauen. Sie hält Konflikte und Kämpfe aus. Sie hält durch. Treue siegt. Ich lasse dich nicht, ohne dich zu segnen. (Gen 32,27.30) *Ich segne dich.*

In immer neuen Akzenten zeige ich mich dir. Es ist immer das gleiche Licht, das in der Wirklichkeit gebrochen wird in verschiedenen Farben; ein Spektrum, das die ganze Wirklichkeit entfaltet. Ich bin das Licht. Aber du siehst nicht das Licht. Das Licht macht dich sehend.
Schau in die Farben in dir, die Fülle der Farben. Ich setze sie als »meinen Bogen in die Wolken; er soll das Bundeszeichen sein zwischen mir und der Erde« (Gen 9,13).
Die Wirklichkeit ist ein Liebesbund zwischen dir und mir.

Hans Stehle

M 9

Irgendwann

Vielleicht
wird deine Sehnsucht
sich immer wieder Wund stoßen
an den vielen Ecken und Kanten des Alltags
und sich so manche Schramme holen
beim Tanz nach der Melodie deines Herzens.

Irgendwann,
sei gewiss;
wird sie aber auch
das Wunder berühren,
das dir im Blühen eines Augenblicks
zu Füßen liegt.

Isabella Schneider

Weitere Module

Ein Symbol meiner Sehnsucht (ca. 30 bis 40 Minuten)
Die Teilnehmer/innen sind eingeladen, zu diesem Tag einen Gegenstand mitzubringen, den sie mit ihrer Sehnsucht in Zusammenhang bringen.
In einem Anhörkreis werden die Teilnehmer/innen eingeladen, ihren mitgebrachten Gegenstand vorzustellen und von der symbolischen Bedeutung/Sehnsucht zu erzählen, die sie damit verbinden.

Kreatives Arbeiten mit Ton (ca. 90 bis 120 Minuten)
Die Teilnehmer/innen werden eingeladen, mit Ton etwas zu gestalten, das ihrer Sehnsucht Ausdruck verleiht. In zwei Gruppen tauschen sich die Teilnehmer/innen über diese Erfahrung und ihre Erkenntnis aus.

Advent – In Erwartung sein

Gedanken zum Thema

Advent ist der Beginn des neuen Kirchenjahres und die Vorbereitungszeit auf das Hochfest Weihnachten. Die Christen und Gemeinden bereiten sich auf die Geburt Jesu – das erste Kommen des Menschensohnes vor. Advent (lateinisch: adventus) heißt Ankunft. Christus hat uns sein Wiederkommen zugesagt am Ende aller Tage. Wir Christen sind daher auch in Erwartung auf die Wiederkunft, die zweite Ankunft des Herrn.

Der Advent gilt zwar als die stillste Zeit im Jahr, aber viele erleben sich in diesen Tagen eher in Hektik und Geschäftigkeit. Dennoch sehnt sich so mancher nach Stille, echter Vorfreude und einer besinnlichen Adventszeit. Die geistliche Zeit möchte dieser Sehnsucht nachkommen.

Die Lieder, die wir in den vorweihnachtlichen Gottesdiensten singen, erzählen in Musik und Wort von der Botschaft des Advents. Sie sind inhaltlicher Schwerpunkt dieser Einheit und wollen den Sinn der Adventszeit neu in den Blick rücken. Ihre Sprache ist zum Teil ungewöhnlich, da es meist alte Textkompositionen mit starken Bildworten sind. Gerade das kann die Teilnehmer/innen motivieren, neu hinzuhören und sich ansprechen zu lassen. Die Adventslieder entstammen alle dem Gotteslob (M 1).

Ziele

Die Teilnehmer/innen sollen zur Ruhe und Besinnung kommen und sich die frohe Botschaft des Advents zusprechen lassen.

Gestaltung der Mitte

Auf einem grünen Tuch, das kreisrund auf einem violetten Tuch liegt, steht ein Adventskranz. Um den Adventskranz sind die Buchstaben »A D V E N T« platziert.

Nach dem Erfahrungsaustausch werden die 11 Adventslieder, die auf verschieden farbigem Papier in DIN-A4-Format gedruckt sind, im Kreis um die Mitte ausgelegt.

Verlaufsplan: (ca. 4 Stunden)
+ Einstieg (ca. 45 Minuten)
+ Erfahrungen mit Advent (ca. 30 bis 40 Minuten)
+ Adventslied aussuchen (ca. 10 Minuten)
+ Einzelbesinnung (ca. 30 Minuten)
+ Austausch in Kleingruppen (ca. 60 Minuten)
+ Gebetseinheit (ca. 40 Minuten)
+ Auswertung (ca. 30 Minuten)

1. Einstieg:

Ankommen – Vorstellen – Hinführen
+ Begrüßung der Teilnehmer/innen.
+ Vorstellen des Themas und des geplanten Verlaufs.
+ Vorstellungsrunde: Die Buchstaben »ADVENT« sind mehrmals auf kleine Zettel geschrieben. Jeder zieht einen Buchstaben und stellt sich damit vor: Was fällt mir zu dem Buchstaben zu Advent ein?
+ Musik: »Wachet auf« von J. S. Bach
+ Gebet: »Lass uns Mensch werden« von Wilhelm Willms (M 2)

2. Erfahrungen mit Advent

Austausch in Murmelgruppen zu viert oder fünft:
+ Was verbinde ich mit Advent?
+ Wie erlebe ich die Adventszeit?
+ Was ist für mich das Besondere im Advent?

3. Adventslied aussuchen

Die Teilnehmer/innen sind eingeladen in Stille zunächst alle ausgelegten Adventslieder (M 3) zu sichten, um sich dann eines auszusuchen, das sie besonders anspricht.

Hierzu müssen entweder ausreichend Kopien der Lieder vorliegen oder die Teilnehmer/innen erhalten ein Gotteslob, in dem sie ihr ausgewähltes Lied nachschlagen können. Die Nummer sollte deutlich auf den ausgelegten Liedblättern gekennzeichnet sein.

4. Einzelbesinnung

Die Teilnehmer/innen suchen sich einen ruhigen Ort zur Einzelbesinnung mit folgenden Impulsfragen zu ihrem ausgesuchten Adventslied:

* Was spricht mich an?
* Was wirkt befremdend?
* Welche Botschaft kommt bei mir an?

5. Austausch in Kleingruppen

Sechs bis acht Teilnehmer/innen tauschen sich über die Fragen der Einzelbesinnung aus. Zu Beginn oder am Ende der Austauschrunde können die besprochenen Adventslieder miteinander gesungen werden. Auf diese Weise kann auch die Wirkung der Melodien mit in den Austausch einfließen.

6. Gebetseinheit

Mögliche Elemente

Lieder:

* Wir sagen euch an den lieben Advent (GL 115)
* Macht hoch die Tür (GL 110)
* Kündet allen in der Not (GL 106)
* Meine Seele auf und singe (GL 802)

Text: »Advent« von Ute Weiner (M 4)

Tagesevangelium

Stille

Mein Adventswunsch:
Die Teilnehmer/innen sind eingeladen, das, was sie sich selbst für die Adventszeit wünschen, (anonym) auf einem Zettel zu notieren. Dazu kann im Hintergrund ruhige Musik gespielt werden.

»Wichteln«:
Die gefalteten Zettel mit den Wünschen werden in einem Korb gesammelt, anschließend zieht jeder einen Wunschzettel, der in Stille gelesen wird. Die

Teilnehmer/innen können miteinander vereinbaren, während der Adventszeit den Wunsch und damit die Person ins Gebet zu nehmen.

Vaterunser

Text: »Advent – das heißt« von Christa Spilling-Nöker (M 5)

Segensbitte/Segen

7. Auswertung

Am Ende des gemeinsamen Tages ist es wichtig, voneinander zu hören, wie
es den Teilnehmer/innen geht und wie sie die Erfahrung dieses Tages
bewerten.
In einer kurzen Reflexionsrunde können folgende Fragen dazu hilfreich:

◆ Wie geht es mir jetzt? Welche Bewegung in mir nehme ich wahr?
◆ Mit welcher Erwartung gehe ich in den Advent? Welche Impulse nehme
ich mit?

Materialien und Medien

M 1

Gotteslob, Katholisches Gebet- und Gesangbuch, Ausgabe für das Bistum
Trier, Paulinus-Verlag Trier

M 2

Lass uns Mensch werden
lebendiger Gott
mach auch uns lebendig
lass uns mensch werden
du hast mit uns den anfang gemacht
führe uns auch zur vollendung
und so bitten wir dich heute
mache den stall der welt
zu einem menschenhaus

in dem der mensch dem menschen
bruder und schwester und freund wird

gott
lass einen guten stern
über uns allen aufgehen
über unserer stadt
über unserem land
und mach uns untereinander
geistesverwandt
und mach das klima der welt
dieser stadt
menschlich
sodass jesus hier
und in uns allen nicht abstirbt
amen

Wilhelm Willms

M 3

Adventslieder
- Wir sagen euch an (GL 115)
- Es kommt ein Schiff geladen (GL 114)
- Gott, heiliger Schöpfer aller Stern (GL 116)
- Wachet auf (GL 110)
- Macht hoch die Tür (GL 107)
- Kündet allen in der Not (GL 106)
- O Heiland, reiß die Himmel auf (GL 105)
- Die Nacht ist vorgedrungen (GL 111)
- Tauet Himmel, den Gerechten (GL 801)
- Meine Seele auf und singe (GL 802)
- O komm, o komm, Emmanuel (GL 803)

M 4

Advent

Advent
eine Zeit der Umkehr:
sich Gott zuwenden,
um für Seine erlösende Nähe frei zu sein

Advent
eine Zeit des Aufbruchs:
jeden Tag aufstehen aus dem Schatten des Ichs,
um in das Licht Seiner Gnade einzutreten

Advent
eine Zeit der Vorbereitung:
die Herzen für Seine Ankunft bereiten,
um Seine Liebe zu empfangen

Advent
eine Zeit des Wartens und Erwartens:
in Geduld ausharren,
um von Ihm beschenkt zu werden

Advent
eine Zeit der Sehnsucht:
seine Gedanken auf Ihn richten,
um Anteil an Ihm zu haben

Advent
eine Zeit der Vorfreude:
auf Gott hoffen,
um von Seiner Freude erfüllt zu werden

Advent
eine Zeit des Schweigens:
still werden vor Gott,
um das Geheimnis der Menschwerdung zu erahnen

Ute Weiner

M 5

Advent – das heißt
ADVENT – das heißt:
Wachsam sein und erwarten,
dass etwas Neues geschieht,
Begegnung stattfindet,
die das Herz berührt
und das Leben von innen her
verwandelt.

ADVENT – das heißt:
Zukunft steht offen,
auch jenseits der Tränen
wird liebendes Lächeln möglich
und durch Schmerzen hindurch
kann neue Hoffnung
geboren werden.

ADVENT – das heißt:
Heil ist nahe.
Trotz aller Zerrissenheit
in Herz und Seele
wird Ganzheit erwachsen,
die Erfüllung verspricht.

Christa Spilling-Nöker

Weitere Module

Kreativer Teil
Die kreative Gestaltung ist eine gute Einstimmung auf den Advent und fördert die innere Verbundenheit der Gruppe über die Veranstaltung hinaus. Die gestalteten Gegenstände können zur Erinnerung an diesen Tag in den Alltag mitgenommen werden. Es ist sinnvoll, nur einen dieser kreativen Vorschläge für die Gruppe auszusuchen.

1. Adventskerze gestalten (ca. 90 bis 120 Minuten)
Die Teilnehmer/innen werden eingeladen, eine Adventskerze mit Wachsblättchen zu gestalten, die sie zur Erinnerung mit nach Hause nehmen können.
Die gestalteten Kerzen können in der Gebetseinheit entzündet (und gesegnet) werden.

2. Adventskranz basteln (ca. 90 bis 120 Minuten)

3. Adventstext schreiben (ca. 60 bis 90 Minuten)
In einer Zeit der Einzelbesinnung sind die Teilnehmer/innen eingeladen, einen Text zu verfassen, in dem ihre »adventliche« Sehnsucht zum Ausdruck kommt.
Folgende Impulsfragen können dazu Anregung geben:
- Was bewegt mich zurzeit? Wonach sehne ich mich?
- Wie passt meine Sehnsucht in die Adventszeit?
- Advent heißt Ankunft. Wo erfahre ich in meinem Alltag, dass Gott mir freundlich entgegenkommt?

Ecclesia – Weil wir Kirche sind

Gedanken zum Thema

Als Getaufte gehören wir zur Gemeinschaft der Kirche. Wir sind »ecclesia – Versammlung von Berufenen«, herausgerufen aus dem christlichen Single-Dasein in die Gemeinschaft derer, die an Christus glauben. Niemand muss den Weg alleine gehen. Wir sind zur Gemeinschaft berufen. Christliches Leben entfaltet sich vor allem im Miteinander und Füreinander.

Jede Christin, jeder Christ ist auch gleichzeitig Kirche, in der jeder Einzelne dazugehört und wichtig ist. Wir haben Anteil an der Heilssendung der Kirche und tragen Mitverantwortung für deren Lebendigkeit.

In diesem Auftrag und dem Gemeinschaftsgefühl sollen die Teilnehmenden in dieser Einheit bestärkt und unterstützt werden.

Ziele

Teilnehmer/innen sollen sich bewusst werden, welches Kirchenbild sie haben. Sie sollen in ihrem christlichen und kirchlichen Gemeinschaftsgefühl bestärkt werden.

Gestaltung der Mitte

Auf bunten Tüchern steht eine Kerze. Daneben steht auf einem DIN-A4-Blatt der Anfang des Satzes geschrieben: »Weil ich Kirche bin, …«. Gegenüber liegt ein unbeschriebenes DIN-A4-Blatt, auf der Rückseite steht: »Weil wir Kirche sind, …«. Dieser Satz wird erst am Ende zur Auswertung aufgedeckt.

Möglicher Verlauf (ca. 4,5 Stunden)

* Einstieg (ca. 30 Minuten)
* Kirche ist für mich wie … (ca. 20 Minuten)
* Mein Bild von Kirche (ca. 45 Minuten)
* Austausch in zwei Gruppen (ca. 60 Minuten)
* Bibelgespräch: Apg 2,43-47 (ca. 60 Minuten)
* Gebetseinheit (ca. 30 Minuten)
* Auswertung (ca. 30 Minuten)

1. Einstieg:

Ankommen – Vorstellen – Hinführen

Nach der Begrüßung und der Vorstellung des geplanten inhaltlichen und zeitlichen Verlaufs sind die Teilnehmer/innen eingeladen, einander vorzustellen und den Satz zu ergänzen »Weil ich Kirche bin, ...«.

2. Kirche ist für mich wie ...

a) Die Teilnehmer/innen sind eingeladen, Metaphern zu benennen, die sie mit Kirche in Verbindung bringen: »Kirche ist für mich wie ...

... ein Haus, das mir Schutz gibt.«

... eine große Familie, in der ich mich geborgen fühle.«

Alle genannten Metaphern werden von der Leitung auf einem großen Papier notiert.

b) Anschließend sind alle eingeladen, sich die Metapher auszusuchen, die sie am ehesten mit ihrem Bild von Kirche verbinden.

3. Mein Bild von Kirche

In einer Zeit der Einzelbesinnung sollen die Teilnehmer/innen ihr ausgewähltes Bild von Kirche betrachten, in dem sie entweder die Metapher malen oder schriftlich festhalten, was ihnen dazu einfällt.

4. Austausch in zwei Gruppen

In zwei Gruppen sind die Teilnehmer/innen zum Austausch eingeladen:

◆ Wie ist mein Bild von Kirche?

◆ Was ist mir bewusst geworden?

5. Bibelgespräch: Apg 2,43-47 (M 1)

Im Plenum werden die Teilnehmer/innen zum Bibelgespräch eingeladen unter den Gesichtspunkten:

◆ Wie lebten die ersten Christen Gemeinde?

◆ Wie (er-)leben wir heute Kirche?

6. Gebetseinheit

Mögliche Elemente

Lieder:

- ◆ Eine große Stadt ersteht (Gotteslob Nr. 642)
- ◆ Sonne der Gerechtigkeit (Gotteslob Nr. 644)
- ◆ Gott ruft sein Volk zusammen (Gotteslob Nr. 640)
- ◆ Ein Haus voll Glorie schauet (Gotteslob Nr. 639)
- ◆ Herr, erwecke deine Kirche (Troubadour Nr. 584)
- ◆ Ihr sollt da sein (Troubadour Nr. 478)
- ◆ Ein Schiff, das sich Gemeinde nennt (Troubadour Nr. 590)

Gebet (M 2)

Kurzgeschichte: Und sie empfing vom Heiligen Geist (M 3)

Psalm 147 (M 4)

Text: Die Kirche, von der ich träume (M 5)

Lobpreis, Dank, Fürbitte

Vaterunser

Segen/Segensbitte

7. Auswertung

Um den inhaltlichen Faden der Einstiegsrunde noch einmal aufzugreifen und abzuschließen, werden die Teilnehmer/innen eingeladen, folgenden Satz zu ergänzen: »Weil wir Kirche sind, ...« und einander mitzuteilen, was ihnen heute wertvoll war.

Wenn genügend Zeit bleibt, kann die Abschlussrunde ausführlicher stattfinden (siehe »Weitere Module«).

Materialien und Medien

M 1

Bibeltext: Apg 2,43-47
Das Leben der jungen Gemeinde

43 Alle wurden von Furcht ergriffen; denn durch die Apostel geschahen viele Wunder und Zeichen.

44 Und alle, die gläubig geworden waren, bildeten eine Gemeinschaft und hatten alles gemeinsam.

45 Sie verkauften Hab und Gut und gaben davon allen, jedem so viel, wie er nötig hatte.

46 Tag für Tag verharrten sie einmütig im Tempel, brachen in ihren Häusern das Brot und hielten miteinander Mahl in Freude und Einfalt des Herzens.

47 Sie lobten Gott und waren beim ganzen Volk beliebt. Und der Herr fügte täglich ihrer Gemeinschaft die hinzu, die gerettet werden sollten.

M 2

Gebet

Guter Gott,
du hast uns in der Taufe deinen Heiligen Geist geschenkt,
der uns mit dir verbindet und uns zu Schwestern und Brüdern macht.
Belebe uns neu durch deinen Geist,
dass wir die Einheit suchen,
deine Kirche mit gestalten
und der Welt Zeugnis geben von deiner Liebe und Güte.
Der du warst und bist und immer sein wirst.
Amen.

Petra Stadtfeld

M 3

Und sie empfing vom Heiligen Geist

In diesen Tagen wurde ein Engel Gottes nach Rom gesandt. Zugleich betraten Boten des Himmels die Bischofssitze der ganzen Welt, die Pfarrhöfe, Basisgruppen und Seminare; sie wurden von Laien, Priestern und Ordensleuten, von Frauen und Männern, von jungen und alten Menschen gesehen.

Überall in der Kirche erschienen die Engel und sagten zu ihr: Sei gegrüßt, du Begnadete, der Herr ist mit dir. Die Kirche erschrak über diese Anrede und überlegte, was dieser Gruß zu bedeuten habe, denn als Begnadete erlebte sie sich nicht!

Sie fühlte sich überfordert, verfolgt, verachtet, an den Rand der Gesellschaft gedrängt und nicht mehr ernst genommen, innerlich zerrissen, gelähmt und ziemlich ratlos.

Da sagte der Engel zu ihr: Fürchte dich nicht, Kirche; denn du hast Gnade gefunden bei Gott. Er vergisst nicht seinen Bund, den er geschlossen hat durch das Blut seines Sohnes; er hat Erbarmen mit deiner Schwachheit und deinen Grenzen.

Er kennt die vielen, die voller Erwartung sind für das Neue, das kommen soll, und ihm ist es leid um die Armen und Enttäuschten dieser Welt.

Du wirst von neuem das Wort empfangen; es wird Fleisch werden durch dich, und du wirst es zur Welt bringen.

Du sollst deinem Sein die Namen Güte, Barmherzigkeit und Liebe geben.

Der Herr selbst wird in der Welt gegenwärtig sein; und sein Reich wird sichtbar werden auf der ganzen Erde.

Die Kirche sagte zu den Boten des Himmels: Wie soll das geschehen, wenn wir es verlernt haben, weiblich zu sein, geöffnet und voller Erwartung deiner Gnade; wenn wir gelernt haben, männlich zu handeln, geschlossen im Bewusstsein unserer Macht?

Die Engel antworteten: Du wirst wieder Empfangen werden, arm und leer und bereit für das unerwartete Neue.

Der Heilige Geist wird dich beleben, und die Kraft des Höchsten wird dich erfüllen. Deshalb wird auch dein Wirken heilig und Gnade Gottes genannt werden.

Auch die Welt, deine Schwester, hat diesen Geist empfangen; obwohl sie als schlecht und sündig galt, ist auch in ihr das Reich Gottes sichtbar.

Denn für Gott ist nichts unmöglich.

Da sagte die Kirche: Ich bin eine Dienerin des Herrn; mir geschehe, wie ihr gesagt habt. Danach verließen sie die Engel, und die Liebe Gottes begann, Fleisch zu werden.

Ingrid Thurnher

M 4

Bibeltext: Psalm 147
Bekenntnis zu Gott, dem Retter Israels
1 Halleluja! Gut ist es, unserm Gott zu singen;/schön ist es, ihn zu loben.
2 Der Herr baut Jerusalem wieder auf,/er sammelt die Versprengten Israels.
3 Er heilt die gebrochenen Herzen/und verbindet ihre schmerzenden Wunden.
4 Er bestimmt die Zahl der Sterne/und ruft sie alle mit Namen.
5 Groß ist unser Herr und gewaltig an Kraft,/ unermesslich ist seine Weisheit.
6 Der Herr hilft den Gebeugten auf/und erniedrigt die Frevler.
7 Stimmt dem Herrn ein Danklied an,/spielt unserm Gott auf der Harfe!
8 Er bedeckt den Himmel mit Wolken,/spendet der Erde Regen/und lässt Gras auf den Bergen sprießen.
9 Er gibt dem Vieh seine Nahrung,/gibt den jungen Raben, wonach sie schreien.
10 Er hat keine Freude an der Kraft des Pferdes,/kein Gefallen am schnellen Lauf des Mannes.
11 Gefallen hat der Herr an denen, die ihn fürchten und ehren,/die voll Vertrauen warten auf seine Huld.

M 5

Die Kirche, von der ich träume
Gott, ich träume von einer Kirche,
die immer neue Wege zu den Menschen sucht und erprobt
mit schöpferischer Fantasie,
die die frohe Botschaft frisch und lebendig hält.

Ich träume von einer Kirche,
die offen ist für das Anliegen Christi
und sich deshalb interessiert für das Leben der Menschen
und für die Erneuerung der Welt im Geiste Jesu.

Ich träume von einer Kirche,
die die Sprache spricht, die alle verstehen,
auch Kinder und Jugendliche,
in der sich auch die Jugend spontan und lebendig ausdrücken kann,
die Raum lässt für Initiative und Mitentscheidung.

Ich träume von einer Kirche,
die prophetisch ist und die Wahrheit sagt,
die Mut hat unbequem zu sein
und die unerschrocken das Glück der Menschen sucht.

Ich träume von einer Kirche,
die Hoffnung hat, die an das Gute im Menschen glaubt
und die gerade in einer Welt voll Furcht und Verzweiflung
voll Freude auf Gottes Führung baut.
Gott, hilf mir, dass ich an dieser Kirche mitbauen kann.

Nach Pedro Arrupe, früher General der Jesuiten

M 6

Bild von Sieger Köder: Pfingsten.
Postkarten in dem Format 10,5 x 14,8 cm gibt es beim Schwabenverlag zu bestellen.

M 7

Pfingsten
Ich werde von meinem Geist ausgießen
Ein ungewöhnliches Pfingstbild: Ein Bau entsteht. Der Maler wählt dafür zwei gegenläufige Formen wie bei einer Sanduhr. Von unten: der erste

große Wurf. In den Gerüsten des Turms zu Babel sitzen Menschen im Dunkel. Sie bauen, aber ohne Beziehung zu Gott, und verlieren so bald die Beziehung zueinander. Von oben: der Gegenvorschlag. Der Dreh- und Angelpunkt in der Mitte: die Gemeinschaft der Jünger Jesu. »Sie beteten intensiv und waren ganz eins, zusammen mit den Frauen und Maria, der Mutter Jesu.« Sie beten um den Heiligen Geist, und er kommt über sie wie Feuer.

Wuchtig die Gestalt des Petrus. »Er stellte sich hin und erhob seine Stimme. So spricht Gott: Ich werde von meinem Geist ausgießen.« Nicht er und sein Amt stehen im Vordergrund, sondern allein: das Wort, das Evangelium. Gewiss ist auch er »der Fels«, auf den Christus baut; aber »der Grundstein« des Hauses »ist Jesus, der Christus« (1 Kor 3).

Nach oben wird das Haus »katholisch« im ursprünglichen Sinn dieses Wortes: offen für alle. Drei Zeugen des 20. Jahrhunderts verkünden prophetische Botschaften. Der evangelische Pastor und Märtyrer Dietrich Bonhoeffer mit der Bibel in der Hand: »Der Christ ist einer, der aus der Bibel lebt.« Er lebte und starb aus der Kraft dieses Wortes. Ein leidenschaftlicher Kämpfer für die Ökumene: der Patriarch Athenagoras. Mit der Osterkerze verkündet er den »Auferstandenen«. Mit seinem »Bruder Paul VI.«, besprach er mehrmals »die Einheit durch Vielfalt«. Als Dritter im Bunde: Papst Johannes XXIII. Sein Markenzeichen: herzlichste Zuwendung zu allen und das Öffnen der Fenster der Kirche zur Welt hin, damit vor allem der Geist Gottes in sie einströme. »Im Haus meines Vaters sind viele Wohnungen«, sagt Jesus; aber alle Bewohner verbindet »ein und derselbe Geist« (1 Kor 12).

Pfingsten ereignet sich immer, auch in unseren Tagen. Die obere Etage macht Mut: Gott spricht auch und gerade durch junge Menschen! Sie bauen das Haus der Kirche weiter – in ihrem Bekenntnis zu Christus in der Öffentlichkeit, mit ihrem Eintreten für Frieden und Gerechtigkeit. Mit Überwindung aller Ausländer- und Rassen-Vorurteile. Und einer hat richtig Spaß an der Kirche: Mit seinem Weihrauchfass macht er Dampf in einem Haus, in dem es nicht immer nach dem Geist Gottes »riecht«. Das wichtigste Fenster aber ist für den Maler das oberste, noch leere. Hier hört das Bild auf, und die Zukunft beginnt: Wer werden die nächsten »Kirchenhaus-Instandbesetzer« sein? Wir brauchen nicht zu bangen, wenn wir mit Johannes XXIII. beten: »Komm, Heiliger Geist! Erneuere auch in unserer Zeit dein Pfingstwunder.«

Theo Schmidkonz SJ

Weitere Module

Bildbetrachtung: »Pfingsten« von Sieger Köder (ca. 30 Minuten) (M 6)

Jede Teilnehmerin bzw. jeder Teilnehmer bekommt ein separates Bild. Wenn jeder das Bild vor sich hat, sind die Details besser zu erkennen. Anschließend können die Teilnehmer/innen das Bild mit nach Hause nehmen.
Bildbetrachtung in drei Schritten:
Ich sehe ...
Ich spüre ...
Ich frage mich ...
Die Bildbetrachtung wird abgeschlossen mit dem erläuternden Text von Theo Schmidkonz. (M 7)

Meine Erfahrungen mit Kirche (ca. 60 bis 70 Minuten)

Die Teilnehmer/innen werden eingeladen anhand eines imaginären Fotoalbums sich ihrer Erfahrungen mit Kirche bewusst zu machen:

◆ Welche Bilder kommen mir in den Sinn, wenn ich an Kirche denke?
◆ Welche Erfahrungen fallen mir ein, die ich in und mit Kirche gemacht habe?

Jeder wählt aus den imaginären Bildern ein oder zwei wichtige aus. Anschließend findet darüber ein Austausch in zwei Gruppen statt.

Weil wir Kirche sind (ca. 60 Minuten)

Statt den Satz »Weil wir Kirche sind, ...« nur kurz zum Abschluss in der Auswertung zu ergänzen, können die Teilnehmer/innen eingeladen werden, ausführlicher darüber ins Gespräch zu kommen mit dem Blick auf das, was sie als Christen miteinander verbindet und was ihnen fehlt.

Komm wieder zur Ruhe, mein Herz!

Gedanken zum Thema

»Unruhig ist unser Herz, bis es Ruhe findet in dir.« Augustinus spricht hier von der Unruhe des Herzens, die auf Gott hin ausgerichtet ist – sozusagen eine »heilige Unruhe«, eine Sehnsucht, die den Menschen bewegt, Gott zu suchen.

Wenn wir unruhig sind, hat das seine Gründe. Die innere Unruhe will uns aufmerksam machen auf unsere Sehnsucht, auf das, was uns fehlt, was uns zutiefst bewegt und beschäftigt.

Wenn wir sie beachten, erfahren wir mehr über uns selbst. Wenn wir still werden und ihr zuhören, kann unser Herz wieder zur Ruhe kommen. Wenn wir uns aushalten und nicht in Aktionismus fliehen, kann sich etwas in uns wandeln. Zu sich selbst und zu Gott finden, beginnt meist mit der Unruhe des Herzens.

Die Unruhe kann uns aber auch sehr belasten: Sorgen, die quälen; schwere Schicksalsschläge, die das Leben auf den Kopf stellen; Krankheiten, die unsere Pläne zunichte machen; Ängste, die uns blockieren. Wenn wir den inneren Halt verlieren, geraten wir leicht aus dem Lot. Umso wichtiger ist es dann, aufmerksam auf sich selbst zu achten und sich für die Gegenwart Gottes zu öffnen.

»Komm wieder zur Ruhe, mein Herz, denn der Herr hat dir Gutes getan« (Ps 116,7) – der Psalmist weiß, woher die Unruhe seines Herzens rührt. Sein Herz kann wieder zur Ruhe finden, weil Gott ihn aus der Not befreit und er Gutes erfahren hat.

Gerade in schweren, unruhigen Zeiten können Trost und Hoffnung daraus erwachsen, wenn wir uns auf das Positive im Leben besinnen, auf die guten Erfahrungen mit Gott und den Menschen.

In dieser Einheit sind die Teilnehmer/innen eingeladen, Kraft zu schöpfen und in Kontakt zu kommen mit der inneren Mitte, wo Gott heilen kann.

Ziele

Die Teilnehmer/innen sollen zur Ruhe kommen, zur inneren Mitte finden und empfänglich werden für die göttliche Gegenwart in ihnen.

Gestaltung der Mitte

Auf bunten Tüchern stehen eine Kerze, Blumen und die Bibel.

Möglicher Verlauf (ca. 4 Stunden)

1. Einstieg (ca. 30 bis 40 Minuten)
2. Den Körper spüren (ca. 30 bis 45 Minuten)
3. Einzelbesinnung: »Denn der Herr hat dir Gutes getan« (ca. 45 Minuten)
4. Austausch zu zweit: »Komm wieder zur Ruhe, mein Herz« (ca. 30 bis 45 Minuten)
5. Gebetseinheit (ca. 30 Minuten)
6. Auswertung (ca. 30 Minuten)

1. Einstieg

Ankommen – Vorstellen – Hinführen

Nachdem die Teilnehmer/innen sich vorgestellt haben und das Thema und der Verlauf des Tages besprochen sind, werden sie gebeten, sich in entsprechender Nähe beziehungsweise Distanz zur gestalteten Mitte hin zu positionieren mit der Frage: Fühle ich mich eher ausgeglichen oder eher von meiner inneren Mitte entfernt?

Wenn jeder seinen »inneren Standpunkt« gefunden hat, sollen die Teilnehmer/innen in einer Zeit der Stille (mit getragener Musik untermalt) nachspüren können, was ihre Ruhe bzw. Unruhe ausmacht.

Anschließend sind alle im Plenum eingeladen zum Austausch über ihre Befindlichkeit.

Mit dem Text »Ruhe aus und freue dich am Herrn« (M 1) kann der Einstieg beendet werden.

2. Den Körper spüren

Diese Körperwahrnehmungsübung (M 2) soll helfen, dass die Teilnehmer/innen sich selbst bewusst wahrnehmen und ihren Körper so gut wie möglich spüren. Sie soll zur Sammlung und inneren Ruhe führen. Die Konzentration auf die Atmung, das Hören der Stille und die bewusste Wahrnehmung der körperlichen Empfindungen kann zur Entspannung führen.

Je nach den räumlichen Möglichkeiten kann die Übung sitzend im Stuhlkreis oder liegend auf einer Decke durchgeführt werden.

Die Stilleübung mündet in den Psalm 116, 1-9 (M3), der vorgetragen wird.

3. Einzelbesinnung: »Denn der Herr hat dir Gutes getan«
Die Teilnehmer/innen sind eingeladen:

a) mit dem Psalmwort »Denn der Herr hat dir Gutes getan« (Psalm 116,7) in die Stille zu gehen und sich bewusst zu machen, was ihnen in ihrem Leben an Gutem widerfahren ist. Es kann hilfreich sein, sich hierzu Notizen zu machen.

b) anschließend einen Brief an sich selbst zu schreiben mit der Überschrift: »Komm wieder zur Ruhe, mein Herz«.

4. Austausch zu zweit: »Komm wieder zur Ruhe, mein Herz«
Bei einem Spaziergang zu zweit haben die Teilnehmer/innen Gelegenheit, ihre Erfahrungen auszutauschen über das, was sie unruhig werden lässt und das, was ihnen hilft, im Alltag zur Ruhe zu kommen.

5. Gebetseinheit
Mögliche Elemente
Lieder:
* Meine Zeit steht in deinen Händen (Troubadour Nr. 759)
* Suchend ist mein Herz (Troubadour Nr. 857)
* Schenk uns Gedanken der Stille (Troubadour Nr. 860)
* Ich will singen dem Herrn (Troubadour Nr. 145)
* Mein ganzes Herz erhebet dich (Gotteslob Nr. 264)
* Komm, Schöpfer Geist, kehr bei uns ein (Gotteslob Nr. 245)

Text »Komm zur Ruhe« (M 4)

Musik

Biblische Lesung: Psalm 116,1-9 (M 3)

Lobpreis und Dank:
Wer möchte, ist eingeladen, ein Psalmwort/einenVers zu wiederholen und
daraufhin einen Lobpreis zu sprechen.

Stille

Vaterunser

Segensgebet: »Gott ist mit dir« (M 5)

Segensbitte/Segen

6. Auswertung

Die Teilnehmer/innen werden eingeladen, sich noch einmal, wie zu Beginn,
in entsprechender Nähe beziehungsweise Distanz zur gestalteten Mitte zu
positionieren mit folgenden Fragen:

- Wie fühle ich mich jetzt am Ende des Tages – eher ruhig oder eher unruhig?
- Was ist mir bewusst geworden? Was habe ich erfahren?

Materialien und Medien

M 1

Ruhe aus und freue dich am Herrn

Komm, ruh' dich aus und freue dich an dem,
was dir gelungen ist.
Lass dich nieder und spüre den Atem,
der dich durchströmt und lebendig hält.
Werde still und lass los,
was dich belastet und bedrängt.
Ruh' dich aus, lass' dich umsorgen und heilen.
Du hast genug gekämpft.
Nun sollst du ruhen.

Wenn es dir hilft, lass die Tränen fließen,
die dein Herz aus Enttäuschung weint.
Lass los, die Mühsal ist zu Ende,
du darfst müde und traurig sein.
Für heute warst du stark genug.

Dein Herz will es leicht und weich,
es ist ja nicht aus Stein gemacht.
Ruhe dich aus und erfrische dich an der Quelle.
Nimm an, was dir gegeben ist
und freue dich am Herrn –
Gott ist mit dir.

Petra Stadtfeld

M 2

Körperwahrnehmungsübung
Ich bin da!
Ich schließe meine Augen oder fixiere sie auf einen Punkt,
damit sie ruhen können.
Ich nehme wahr, wie ich jetzt da bin.

Ich atme!
Ich spüre meinen Atem und beobachte,
wie er ein- und ausströmt,
wie er von selbst kommt und geht.
Ich gebe mich hinein in den Fluss meines Atmens,
ohne ihn zu verändern.
Ich lasse mich mit jedem Ausatmen mehr und mehr los.

Ich höre!
Es ist still. Ich höre in die Stille.
Ich horche auf die Geräusche um mich herum.
Ich höre in mich hinein.
Gedanken kommen und gehen.
Sie kommen und ziehen weiter.
Ich höre, wie ich atme.
Ich höre, dass ich lebendig bin.
Vielleicht kann ich meinen Herzschlag hören?

Ich fühle!
Ich fühle meine Sitz- beziehungsweise Liegefläche.
Ich spüre, wo ich in Kontakt bin.
Ich bin gehalten. Ich bin getragen.
Ich spüre die Wärme meines Körpers.
Vielleicht fühle ich mich kalt an.
Ich fühle meinen Körper.
Ich fühle in meinen Körper hinein.
Gibt es Verspannungen oder Schmerzen
oder fühle ich mich wohl in meiner Haut?

Ich werde mir aller Empfindungen bewusst,
die ich von Körperteil zu Körperteil wahrnehme,
vom Kopf bis zu den Füßen:

mein Gesicht,
die Schultern,
den Rücken,
den rechten Arm,
die rechte Hand,
den linken Arm,
die linke Hand,
den Brustkorb,
den Bauch,
den rechten Oberschenkel,
den linken Oberschenkel,
den rechten Fuß,
den linken Fuß.

Langsam nehme ich die Welt um mich herum wieder war.
Ich atme tief ein und aus,
öffne die Augen und strecke mich aus.

Petra Stadtfeld

M 3

Bibeltext: Psalm 116,1-9

1 Ich liebe den Herrn; / denn er hat mein lautes Flehen gehört
2 und sein Ohr mir zugeneigt / an dem Tag, als ich zu ihm rief.
3 Mich umfingen die Fesseln des Todes, / mich befielen die Ängste der Unterwelt, / mich trafen Bedrängnis und Kummer.
4 Da rief ich den Namen des Herrn an: / »Ach Herr, rette mein Leben!«
5 Der Herr ist gnädig und gerecht, / unser Gott ist barmherzig.
6 Der Herr behütet die schlichten Herzen; / ich war in Not und er brachte mir Hilfe.
7 Komm wieder zur Ruhe, mein Herz! / Denn der Herr hat dir Gutes getan.

8 Ja, du hast mein Leben dem Tod entrissen, / meine Tränen (getrocknet), / meinen Fuß (bewahrt vor) dem Gleiten.

9 So gehe ich meinen Weg vor dem Herrn / im Land der Lebenden.

M 4

Komm zur Ruhe
Horche auf deinen Atem
er kommt und geht

In deinem Rhythmus
hilft er dir
zu dir zu stehen
ruhig zu werden
da zu sein

Komm an den Ort der Ruhe

Suche ihn in dir
schenke ihn dir
lass ihn nie mehr verloren gehen

Werde still
ganz Mensch

Pierre Stutz

M 5

Gott ist mit dir
Gott sei in der Unruhe deines Herzens,
dass du nicht aufhörst, ihn zu suchen.

Gott sei in der Fülle deiner Gedanken,
dass sie dich in die Weite deiner Sehnsucht führen.

Gott sei in deinem Körper,
dass seine Kraft dich stärken möge.

Gott sei in deinen Gefühlen,
dass du dich und die Menschen lieben kannst.

Gott sei in deinem Reden,
dass du die richtigen Worte findest zur richtigen Zeit.

Gott sei in deinen Träumen,
dass du wach und hellsichtig bist für die Zeichen der Zeit.

Gott sei in deinem Planen,
dass du nie aufgibst und den Mut nicht verlierst.

Gott sei in deinem Wirken,
dass dein Leben Frucht und Segen bringen möge.

Gott ist mit dir.
Gott ist in dir.
Gott steht zu dir.
Gott geht mit dir.

Petra Stadtfeld

Was ist Glück?

Gedanken zum Thema

Was ist Glück? Wie werde ich glücklich? Fragen, die viele Menschen interessieren. In den Buchhandlungen finden sich unzählige Bücher zu diesem Thema. Da ist die Rede von Glücksformeln, Wegen ins Glück, Schritten zum Glücklichsein und vieles mehr. »Don't worry, be happy« – »Glücksanleitungen« sollen zum Glücksempfinden führen.

»Ich möchte glücklich sein.« – Ein verständlicher Wunsch, der zum Menschsein gehört. Aber was empfinden wir als Glück? Was ist Glück? Wo suchen wir nach dem Glück?

Es gibt viele »Wegweiser«, denen wir folgen könnten.

Auch Gott möchte, dass wir glücklich sind, er möchte, dass wir das Leben in Fülle haben. Schon in der Bibel ist die Rede von Glück und Unglück, von Segen und Fluch, von Leben und Tod. »Wähle das Leben« (Dtn 30,19), so spricht Gott durch Mose zu seinem Volk Israel, das kurz davor steht, ins verheißene, ins gelobte Land zu ziehen.

Geglücktes Leben ist möglich. Wir können zu einem erfüllten und zufriedenen Leben finden. Vor Gott haben wir sogar die Möglichkeit, zwischen Glück und Unglück zu wählen. Wir sind frei, uns zu entscheiden, wo wir unser Glück suchen wollen.

Die Botschaft der Bibel ist eindeutig: Gott lieben, auf seine Stimme hören und sich an ihm festhalten (vgl. Dtn 30,20) – das führt zum Glücklichsein, führt ins Leben, weil Gott das Leben ist. So werden Glück suchende Menschen Gott finden können.

Ziele

Die Teilnehmer/innen sollen sich bewusst(er) werden, was sie unter »Glück« verstehen und erkennen, was sie wirklich glücklich macht.

Sie sollen einander Zeugnis geben, wo sie durch den Glauben an Gott und ihre persönliche Gottesbeziehung Zufriedenheit und Erfüllung in ihrem Leben erfahren haben.

Gestaltung der Mitte

Auf bunten Tüchern stehen eine Kerze, die Bibel und verschiedene Symbole/Bilder für Glück, z. B. Glückskäfer, Glücksschwein, Glückspfennig, Kleeblatt, Schornsteinfeger, Hufeisen.

Möglicher Verlauf (ca. 4 Stunden)

1. Einstieg (ca. 30 bis 40 Minuten)
2. Was ist Glück? (ca. 45 Minuten)
3. Sieben Gesetze des Glücks – Einzelbesinnung (ca. 10 bis 15 Minuten)
4. Sieben Gesetze des Glücks – Austausch in kleinen Gruppen (ca. 30 Minuten)
5. Bibelgespräch (ca. 45 Minuten)
6. Segenswünsche (ca. 10 bis 15 Minuten)
7. Gebetseinheit (ca. 30 Minuten)
8. Auswertung (ca. 20 bis 30 Minuten)

1. Einstieg:

Ankommen – Vorstellen – Hinführen

- Begrüßung der Teilnehmer/innen.
- Vorstellen des Themas und des Verlaufsplanes.
- Vorstellungsrunde:
  Die Teilnehmer/innen werden gebeten, sich vorzustellen und dabei den Satz zu ergänzen: »Glück ist für mich, wenn ...«

2. Was ist Glück?

a) Die Teilnehmer/innen tauschen sich in kleinen Gruppen darüber aus, was sie unter Glück verstehen. Die Ergebnisse werden in Stichworten auf Zettel notiert.

b) Im anschließenden Plenum werden die Stichworte aus den Gruppen vorgestellt, nach inhaltlichen Schwerpunktbereichen geordnet und besprochen, was auffällt.

3. Sieben Gesetze des Glücks – Einzelbesinnung

Sowohl die moderne wissenschaftliche Forschung als auch die alten Mystiker und Denker kamen zu denselben Einsichten, woraus die Gesetzmäßig-

keiten des Glücks bestehen und was sich daraus lernen lässt. Zu deren Erkenntnissen gehören die sieben Gesetze des Glücks (M 1).
Die sieben Gesetze des Glücks werden vorgestellt und mit einer Werteskala (M 2) den Teilnehmer/innen ausgehändigt. Sie sind eingeladen, in einer Zeit der Einzelbesinnung die sieben Gesetze zu betrachten und für sich zu bewerten.

4. Sieben Gesetze des Glücks – Austausch in kleinen Gruppen

Nach der Einzelbesinnung treffen sich die Teilnehmer/innen in kleinen Gruppen zu dritt oder viert. Sie tauschen sich über die sieben Gesetze des Glücks aus und was sie persönlich damit verbinden.

5. Bibelgespräch: Dtn 30,15–20 (M 3)

In zwei Gruppen mit sechs bis acht Personen wird nach den Schritten des Bibel-Teilens (M 4) zum Bibelgespräch eingeladen.

Das Bibelgespräch mündet in den »Segenswünschen«.

5. Segenswünsche

Am Ende des Bibelgespräches sind die Teilnehmer/innen eingeladen, auf bunten Karteikarten Segenswünsche für sich selbst zu formulieren: »Ich wünsche mir …« (Für jeden Wunsch eine Karte verwenden.)
Die Segenswünsche können als Gestaltungselement in die Gebetseinheit einfließen.

6. Gebetseinheit

Mögliche Elemente
Lieder:
+ Oh happy day (Troubadour Nr. 963)
+ Wir wünschen (Troubadour Nr. 849)
+ Wo Menschen sich vergessen (Troubadour Nr. 790)
+ Möge die Straße (Troubadour Nr. 334)
+ Glücklich wer (Troubadour Nr. 649)
+ Mit Freudensprüngen (Troubadour Nr. 29)

Psalm 33,1-5.11-22 (Gotteslob Nr. 722)

Segenswünsche:
Die Teilnehmer/innen sind eingeladen, ihre formulierten Segenswünsche als Fürbitte vorzutragen.

Musik

Text: »Desiderata« (M 5)

Vaterunser

Segensbitte/Segen

7. Auswertung

Die Teilnehmer/innen werden zur Reflexion des Tages eingeladen. Dazu können folgende Fragen hilfreich sein:

◆ Wie geht es mir jetzt?
◆ Was habe ich heute über mich und mein Glücksverständnis gelernt?

Materialien und Medien

M 1

Sieben Gesetze des Glücks

1. Alles im Leben ist ein Spiegel.
2. Niemand ist ein Opfer.
3. Was man glaubt, wird wahr.
4. Jeder bekommt, was ihm entspricht.
5. Ändern kannst nur du dich selbst.
6. Alles ist eine Übung.
7. Das Glück ist jetzt.

M 2

Werteskala

1. Alles im Leben ist ein Spiegel.

Nicht zutreffend		Zutreffend		Völlig zutreffend
− 3	− 2	0	+ 1	+ 2

2. Niemand ist ein Opfer.

Nicht zutreffend		Zutreffend		Völlig zutreffend
− 3	− 2	0	+ 1	+ 2

3. Was man glaubt, wird wahr.

Nicht zutreffend		Zutreffend		Völlig zutreffend
− 3	− 2	0	+ 1	+ 2

4. Jeder bekommt, was ihm entspricht.

Nicht zutreffend		Zutreffend		Völlig zutreffend
− 3	− 2	0	+ 1	+ 2

5. Ändern kannst nur du dich selbst.

Nicht zutreffend		Zutreffend		Völlig zutreffend
− 3	− 2	0	+ 1	+ 2

6. Alles ist eine Übung.

Nicht zutreffend		Zutreffend		Völlig zutreffend
−3	−2	0	+1	+2

7. Das Glück ist jetzt.

Nicht zutreffend		Zutreffend		Völlig zutreffend
−3	−2	0	+1	+2

M 3

Bibeltext: Dtn 30,15-20

15 Hiermit lege ich dir heute das Leben und das Glück, den Tod und das Unglück vor.

16 Wenn du auf die Gebote des Herrn, deines Gottes, auf die ich dich heute verpflichte, hörst, indem du den Herrn, deinen Gott, liebst, auf seinen Wegen gehst und auf seine Gebote, Gesetze und Rechtsvorschriften achtest, dann wirst du leben und zahlreich werden und der Herr, dein Gott, wird dich in dem Land, in das du hineinziehst, um es in Besitz zu nehmen, segnen.

17 Wenn du aber dein Herz abwendest und nicht hörst, wenn du dich verführen lässt, dich vor anderen Göttern niederwirfst und ihnen dienst -

18 heute erkläre ich euch: Dann werdet ihr ausgetilgt werden; ihr werdet nicht lange in dem Land leben, in das du jetzt über den Jordan hinüberziehst, um hineinzuziehen und es in Besitz zu nehmen.

19 Den Himmel und die Erde rufe ich heute als Zeugen gegen euch an. Leben und Tod lege ich dir vor, Segen und Fluch. Wähle also das Leben, damit du lebst, du und deine Nachkommen.

20 Liebe den Herrn, deinen Gott, hör auf seine Stimme und halte dich an ihm fest; denn er ist dein Leben. Er ist die Länge deines Lebens, das du in dem Land verbringen darfst, von dem du weißt: Der Herr hat deinen Vätern Abraham, Isaak und Jakob geschworen, es ihnen zu geben.

M 4

Schritte des Bibel-Teilens

1. Einladen:
Wir werden uns bewusst, dass der Herr in unserer Mitte ist. Wer möchte
dies in einem Gebet aussprechen?

2. Lesen:
Wer möchte den Bibeltext lesen?

3. Verweilen:
Wir suchen nun Worte oder Verse aus dem Text heraus und sprechen sie
mehrmals laut und betrachtend aus.
Danach: Wer möchte den Text noch einmal im Zusammenhang lesen?

4. Schweigen:
Ich lade ein zur Stille, in der Gott zu uns sprechen kann.

5. Austauschen:
Wir tauschen uns darüber aus, was uns im Herzen berührt hat. Welches
Wort hat uns persönlich heute angesprochen?

M 5

Desiderata
Gehe gelassen inmitten von Lärm und Hast
und denke an den Frieden der Stille.

So weit als möglich, ohne dich aufzugeben,
sei auf gutem Fuß mit jedermann.
Sprich deine Wahrheit ruhig und klar aus,
und höre andere an,
auch wenn sie langweilig und unwissend sind,
denn auch sie haben an ihrem Schicksal zu tragen.
Meide die Lauten und Streitsüchtigen.
Sie verwirren den Geist.

Vergleichst du dich mit anderen,
kannst du hochmütig oder verbittert werden,
denn immer wird es Menschen geben,
die bedeutender oder schwächer sind als du.
Erfreue dich am Erreichten und an deinen Plänen.
Bemühe dich um deinen eigenen Werdegang,
wie bescheiden er auch sein mag;
er ist ein fester Besitz im Wandel der Zeit.

Sei vorsichtig bei deinen Geschäften,
denn die Welt ist voller Betrügerei.
Aber lass deswegen das Gute nicht aus den Augen,
denn Tugend ist auch vorhanden:
Viele streben nach Idealen,
und Helden gibt es überall im Leben.

Sei du selbst.
Täusche vor allem keine falschen Gefühle vor.
Sei auch nicht zynisch, wenn es um Liebe geht,
denn trotz aller Öde und Enttäuschung verdorrt sie nicht,
sondern wächst weiter wie Gras.

Höre freundlich auf den Ratschlag des Alters,
und verzichte mit Anmut auf die Dinge der Jugend.
Stärke die Kräfte deines Geistes,
um dich bei plötzlichem Unglück dadurch zu schützen.
Quäle dich nicht mit Wahnbildern.
Viele Ängste kommen aus Erschöpfung und Einsamkeit.
Bei aller angemessenen Disziplin,
sei freundlich zu dir selbst.
Genau wie die Bäume und Sterne,
so bist auch du ein Kind des Universums.
Du hast ein Recht auf deine Existenz.

Und ob du es verstehst oder nicht,
entfaltet sich die Welt so wie sie soll.

Bleibe also in Frieden mit Gott,
was immer er für dich bedeutet,
und was immer deine Sehnsüchte und Mühen
in der lärmenden Verworrenheit des Lebens seien –
bewahre den Frieden in deiner Seele.
Bei allen Täuschungen, Plackereien und zerronnenen Träumen
ist es dennoch eine schöne Welt.

Sei vorsichtig. Strebe danach, glücklich zu sein.

Max Ehrmann

Wörtlich bedeutet der Titel etwa »(Segens)Wünsche« (von lat. desiderare
= ersehnen, wünschen).

Literaturhinweise

Segen
Claus Westermann: Der Segen in der Bibel und im Handeln der Kirche. Chr. Kaiser Verlag, München 1968.
Erich Heck: Segen des dreieinigen Gottes. Grundgebete der Christen. Verlag Katholisches Bibelwerk GmbH, Stuttgart 1990.

Körperwahrnehmung und Meditation
Anthony deMello und Martin Kämpchen: Meditieren mit Leib und Seele, Neue Wege der Gotteserfahrung. Verlag Butzon & Bercker, Kevelaer 2008.
Bernhard Scherer: Über meine Grenzen hinaus …, Spüren, was mich trägt, Ein spiritueller Übungsweg in 14 Schritten. Kösel Verlag, München 2001.
Sebastian Painadath: Das Sonnengebet, Meditative Übungen. Kösel Verlag, München 2007.
Dagmar Müller: Meditative Körpererfahrung, 40 einfache Anleitungen. Matthias Grünewald Verlag, Ostfildern 2004.

Bibelarbeit
Anneliese Hecht: Bibel erfahren, Methoden ganzheitlicher Bibelarbeit. Verlag Katholisches Bibelwerk, Stuttgart 2001.

Bewegung und Tanz
Klaus W. Vopel: Power-Pausen, Leichter lernen durch Bewegung. Iskopress Verlags GmbH, Salzhausen 2005.
Waltraud Schneider und Konrad Schneider: Mehr als Worte sagt ein Tanz, 17 getanzte Symbole und Meditationen für Schule, Gottesdienst und Gemeinde, mit Audio CD. Herder Verlag, Freiburg 2007.
Michael Hepp: Tänze im Kreis 1, mit Audio CD. Fidula Verlag, Boppard 1999.
Tänze für die Gruppe, mit Audio CD. Ökotopia Verlag, Münster 1995.

Mandala
Christine Bellinghausen und Josef Schwaller: Mandalas 2, 30 Mandalas zum Ausmalen und Kopieren mit zehn unterrichtspraktischen Beispielen. Deutscher Katecheten-Verein e. V. 1994.
Gabriele Jockel und Babett Nestroi: Mandalas, Vorlagen zum Ausmalen und Entspannen für Groß und Klein. Garant Verlag, Renningen 2006.

Musik
Enya: a day without rain
Enya: the magic of enya
Loreena McKennitt: The Mask and Mirror
Loreena McKennitt: Elemental

Quellennachweise

S. 19 Herr, lass mich ankommen; S. 28, Gott segne dich auf deinem Weg; S. 36, Aufbrechen; S. 47, Du bist da; S. 57, Herr, Jesus Christus; S. 75, Gebet; S. 95, Gebet; S. 105, Ruhe aus und freue dich am Herrn; S. 106, Körperwahrnehmungsübung; S. 108, Gott ist mit dir; © Petra Stadtfeld.

S. 34 Suchende: © Alois Albrecht.

S. 37 Geh den Weg: Verfasser unbekannt.

S. 48 Gott sagt: Verfasser unbekannt.

S. 49 Du bist du: Zitiert aus: Martin Buber, Die Erzählungen der Chassidim. Manesse Verlag, Zürich, 10. Auflage 1987, S. 394, Die Frage der Fragen. Anmerkung: Das Zitat endet nach der Frage »Warum bist du nicht Sussja gewesen?«

S. 57 Ich bin bei dir: © Heinz Pangels, Vertrauter Umgang mit Gott – Denkanstöße. Haag & Herchen, Frankfurt/Main 1996, Seite 30-31.

S. 68 Stille: © Paul Weismantel.

S. 75 Beschütze deinen Traum: Verfasser unbekannt.

S. 79 Gebet um Lebensfarben: © Ursula Bittner.

S. 80 Regenbogen-Psalm: © Hans Stehle.

S. 82 Irgendwann: © Isabella Schneider.

S. 87 Lass uns Mensch werden: Aus: Wilhelm Willms, roter faden glück, lichtblicke, © 1974 Butzon & Bercker GmbH, 5. Auflage 1988, S. 7/26, www. bube.de.

S. 89 Advent: © Ute Weiner.

S. 90 Advent – das heißt: © Christa Spilling-Nöker.

S. 96 Und sie empfing vom Heiligen Geist: © Ingrid Thurnher.

S. 97 Die Kirche, von der ich träume: Übersetzung entnommen aus: Pedro Arrupe, Unser Zeugnis muss glaubwürdig sein. Ein Jesuit zu den Problemen von Kirche und Welt am Ende des 21. Jahrhunderts. Übersetzung: Dr. Lotte von Schaukal. © Schwabenverlag, Ostfildern 1981.

S. 98 Pfingsten: aus: Gertrud Widmann (Hrsg.), Die Bilder der Bibel von Sieger Köder. Erschließende und meditative Texte. © Schwabenverlag, Ostfildern 1996 (2. Auflage 2006), S. 184.

S. 108 Komm zur Ruhe: © Pierre Stutz.

S. 116 Desiderata: Max Ehrmann.

Die Liedvorschläge sind entnommen aus: Troubadour für Gott – Neue geistliche Lieder, herausgegeben vom Kolping-Bildungswerk Würzburg, sowie dem Gotteslob, Katholisches Gebet- und Gesangbuch, Ausgabe für das Bistum Trier.
Die Bibeltexte sind aus der Einheitsübersetzung.